U0740742

认知边界

认知决定你的财富

凌发明◎著

中国纺织出版社有限公司

内 容 提 要

本书从财富观念与认知的角度入手，端正人们的财富认知和心态，构建科学的财富认知观念，并习得财富创造与维系的科学逻辑。全书共分为八章，分别就财富认知思想、认知能力提升、财富的认知基础、财富管道打造、财富增长等维度阐述了认知对个人财富积累的影响。全书体系由简入深，层层推进，形成了一整套完整的财富认知体系，旨在鼓励读者学会提升学习能力，达到认知的提升，更好把握当下以及未来的趋势，抓住历史财富机遇。认知改变人生，认知成就非凡人生，认知改变命运。

图书在版编目（CIP）数据

认知边界：认知决定你的财富/凌发明著. —北京：中国纺织出版社有限公司，2021.4

ISBN 978-7-5180-8474-6

Ⅰ. ①认… Ⅱ. ①凌… Ⅲ. ①投资管理—通俗读物 Ⅳ. ①F830.593-49

中国版本图书馆CIP数据核字（2021）第067778号

策划编辑：史　岩　　　　责任编辑：曹炳镝
责任校对：楼旭红　　　　责任印制：储志伟

中国纺织出版社有限公司出版发行

地址：北京市朝阳区百子湾东里A407号楼　邮政编码：100124

销售电话：010—67004422　传真：010—87155801

http://www.c-textilep.com

中国纺织出版社天猫旗舰店

官方微博 http://weibo.com/2119887771

天津千鹤文化传播有限公司印刷　各地新华书店经销

2021年5月第1版第1次印刷

开本：710×1000　1/16　印张：14

字数：130千字　定价：48.00元

凡购本书，如有缺页、倒页、脱页，由本社图书营销中心调换

从古至今，创富一直是一个让人们为之迷恋、为之疯狂的话题。很多人梦想着"一夜暴富"，迅速晋级为百万千万级富翁。但是，更多人陷于各种财务困境而无法自拔。如果将这种情况简单归结于行动力不足或知识理解不够，那么未免有些表面化了。

事实上，如果我们深入地挖掘自己生活中诸多财务问题发生的根源，会发现：它们往往是因为个体思维逻辑、观念认知、知识理解等方面的欠缺、偏差或不足所导致的。一般来说，如果一个人的观念端正、认知系统，往往会给个人财务状况以极大的帮助；同时，如果一个人的财务状况保持良好状态，也会促使个人身心更健康，脚踏实地地走向财富自由之路。

当然，创造财富需要经历一个长期的过程，而非出于临时起意。想要成为富有的人，必须要通过系统的学习，保持稳定的心态、正确的观念以及持之以恒的实践，最终形成良好的理财习惯，这样才能让我们真正地聚集财富。

对于经济紧张而有着强烈的创富愿望的人来说，改变自己的财富认知是一件迫在眉睫的事情，也是必须做好的第一步。因为，如果一个人对于财富创造的观念、认知、思考方向存在问题，那么他的加速行动反而会成为创富之路上的掣肘点；只有改变了错误的认知，他才有机会去改变自己的命运，真正地拥抱富足的人生。

如果你现在手中已稍有积蓄了，那么也请注意完善自己的财富认知。英国财富思维作家塞缪尔·斯迈尔斯曾说："一个人如果只是在拥有钞票的数量上发生了改变，而在生活和思想的其他方面并没有任何有益的变化，那么这些钱就没有任何意义。"因为，如果一个人的财富意志不够坚定，不仅会使其距离财富越来越远，还会使之因认知错误而步入歧途。而人在世间沉浮中随波逐流，财富也必然如浮云般散去。

时代变幻莫测，大部分人始终以为上天不够公平，却不知是自己认知不够，总是抱怨工作太累，却不知是自己昨天的选择决定了今天的生活，而今天的选择又决定了明天的生活。大部分人把过去传统的思维理念带入当今社会，错失了众多的机会，在高速发展的今天，认知还停留在过去的几十年。财富的概念已经发生了深刻变化。财富不再以占有土地、矿产、工厂、劳动力等有形资产的多少来衡量，而是以拥有的信息、知识、智慧、数字资产、数据等无形财富来衡量。

本书将从财富观念与认知的角度入手，端正人们的财富认知和心态，构建科学的财富认知观念，并习得财富创造与维系的科学逻辑，书中提到的各种方法都是被实践验证可行的方法。

作者用十年的实战实践经验，浓缩成了本书的内容，意在鼓励读者学会提升学习能力，达到认知的提升，更好地把握当下以及未来的趋势，抓住历史财富机遇。认知改变人生，认知成就非凡人生，认知改变命运。

最后，希望每一位追求成功和财富的读者朋友，能够调整不恰当的、偏狭的认知思维，领悟创造财富的逻辑，迅速、准确地找到适合自己的致富轨道，改善自身的财务状况，超越界限，突破边界，看到更广阔的未来，并拥有健康幸福的财富人生。

凌发明

2021 年 4 月

目录

第八章　让财富在睡梦中继续增长

参考文献 / 201

附录

第一章
认知边界决定财富高度

财富是个体认知的变现。一个人获得的每一笔财富，都来自他对世界的准确认知；而他失去或错过的每一笔财富，则源于他的认知未达或存在系统缺陷。

第一节　思想认知决定财富级数

財富因何而来？系统的知识储备、有深度的思想认知以及面向未来的精准预测。比如，对势能趋势、时代特征、产品周期等诸多的认识、判断，都会影响一个人的行为决策，最终影响一个人的整体财富收益。

1. 财富聚集，当依循势能

财富的获得在很大程度上受到势能（时代趋势、市场趋势等）的影响。如果从企业的角度来说，势能决定了企业的规模上限和盈利空间。如果人们学会顺势而为，那么便能够获得最佳的势能。而成功借势的法门则是：只有在合适的时机入场，才能见到最佳的势能。

18 世纪 60 年代，第一次工业革命，其典型标志便是蒸汽机的广泛使用。1765 年，纺织工哈格里夫斯发明"珍妮纺织机"，由此引发了技术革新的连锁反应，揭开了工业革命的序幕。1785 年，瓦特制成的改良型蒸汽机开始投入使用阶段——这种便利的动力设备极大地推动了机器的普及和发展，使得市场上的商品数量越来越多。在这个崭新的时代里，一批准确把握新形势的人，迅速地为自己积累了巨额财富。

时至今日，在位于英国维尔特郡的克罗夫顿抽水站，至今仍有一台世界上最古老的蒸汽机在运行着。虽然抽水站大多数时间是依靠电力运行的，但是，每逢特定的周末时，这台蒸汽活塞式摇臂抽水泵仍然会以每分钟 12 吨水的速度，将河水注入 6 个高达 8 英尺的水闸内，以确保肯尼特埃文运河的顺畅流动。这台古老的蒸汽机，便是由伯明翰·博尔顿＆瓦特制造厂所生产出来的第二台 42 英寸汽缸的蒸汽机。

瓦特是一位优秀的"蒸汽机改良者"，被视为"引领人类社会正式进入蒸汽时代"的重要人物。然而，在所有真正使得瓦特改良蒸汽机实现商用化的因素中，除了采矿业的紧迫需求以及前人的技术积累之外，更为重要的影响因素还有瓦特的合作者马太·波尔敦的商业头脑。

但是，瓦特的实验过程中出现了经费紧缺问题，随时面临着实验中止的可能性。然而没想到，他的朋友巴克为他找到了一位资金提供者——伯明翰的铁器制造商，名叫马太·波尔敦。波尔敦表示，他愿意为瓦特提供实验所需经费，并保障他的生活，一直到瓦特的实验成果能够实现获利；同时，他提出，自己要拥有蒸汽机专利权的三分之二，以之补偿其在此期间的持续投入。

时至今日，我们虽然难以明确估算出马太·波尔敦因改良蒸汽机所获得的收益到底有多少，但是这笔财富的量级无疑是巨大的。而马太·波尔敦之所以敢于为瓦特提供这些资金支持，并由此获得收益，这完全是得益于他对瓦特实验进度与成果的系统预判，以及对蒸汽机的市场价值和未来财富收益的正确预估。

随后，第二次工业革命到来。在此期间，电气工业迅猛发展，德国成为世界工业企业发展之龙头，诞生了很多大型工业企业，包括至今仍在同业市场上占据领先地位的奔驰汽车、奥迪汽车。第三次工业革命是一场科技革命，它以电子计算机、原子能、空间技术和生物工程的发明和应用为主要标志，涉及信息技术、新能源技术、新材料技术、生物技术、海洋技术等诸多领域。在这次革命中，如苹果、谷歌、通用电气等企业陆续崛起。

第四次工业革命紧随其后，它以人工智能、5G、区块链、物联网、新材料技术、分子工程、石墨烯、虚拟现实、量子信息技术、可控核聚变、清洁能源以及生物技术为技术突破口，预计2030年时将突破10000亿美元。可以说，第四次工业革命同样会以难以想象的程度，改变我们今天所认识的世界，同时也给参与其中、引领发展的人群带来巨额财富。

很明显，伴随着每一次工业革命到来，世界格局都在发生着巨大的变化。聪明的财富创造者会顺应时代大潮而做出针对性的选择——他们最终因立于潮头之上，而收获得盆满钵满。

2. 入场阶段决定财富量级

除了对时代趋势与市场领域的准确把握之外，人们选择某个行业进入的时间点，也在很大程度上影响着财富量级。

行业发展是存在生命周期的。一般来说，一个行业的发展大体上要经历四个阶段：初创期、发展期、成熟期、衰退期，如图 1-1 所示。

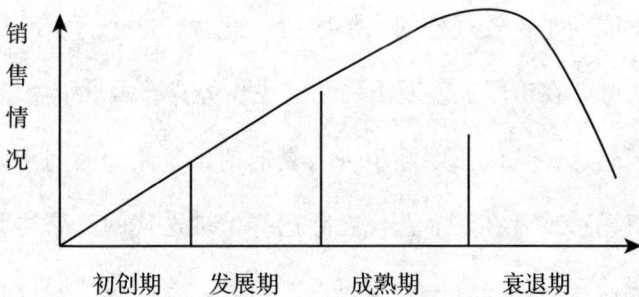

图1-1　行业生命周期

每一个行业都会经历这四个时期。但在同一个时间点上，不同的行业处于不同的时期。举例来说，目前的纺织行业处于衰退期，家用电器行业、奶制品行业处于成熟期，互联网行业处于发展期，移动互联网行业则处于初创期。

一般来说，当我们决定选择进入某个行业，并以某类产品作为突破点的时候，都必须先行确认这类产品当下所处生命周期的阶段。如果产品处于初创期、发展期或成熟期，那么，我们都可考虑以该产品为切入点进入市场。不过，在不同行业周期阶段入场，给我们带来的经营难度是有所差异的。

以婴幼儿奶粉为例，奶制品行业已经发展至成熟期，其市场销量大体稳定，而且消费者在购买时通常会限定在品牌排行榜范围内选择，如爱他美、美赞臣、惠氏启赋、美素佳儿、雅培、飞鹤、诺优能、合生元，等等。而新出现的婴幼儿奶粉品牌要想进入消费者的备选范畴则存在一定的难度，除非企业愿意投入大量预算去开拓当下市场。

行业发展期是比较理想的入场阶段。此时，这个行业已经得到部分消费者认可，在市场上表现出强劲的成长势头，需求量急剧增长。

如果产品已经从成熟期逐步进入衰退期，我们却因判断失误而盲目地杀入市场；或者在产品迭代之际选择了被迭代的产品类型，那么我们很可能让自己的投资一去不复返。所以，要准确把握行业生命周期，选择恰当的入场时间点，这将直接决定人们赚钱获利的难易度，以及最终可能达成的财富量级。

3. 认知的最高境界：像巨人一样思考

为了建立精准的认知系统，我们必须学会"像巨人一样思考"。什么叫作"像巨人一样思考"？它是指，我们要能够假定自己站在巨人的位置，高屋建瓴地思考万事万物，洞悉万物运行的规律与法则，进而在觉知与行动上有能力领先于他人。

（1）洞悉规律与法则

如果我们能够在决策前作出准确的判断，那么我们就有极大的可能在决策制动之后成为财富主。当然，这意味着我们必须具备准确的判断力。因为，如果个体的认知有所不同，那么他对于同一个项目或者事件的风险或机会的判断也会形成截然不同的结论，继而做出差异化的决策。

基于此，我们要系统了解这些能够与财富发生关联的因素——规律与法则，并使之在现实中实现创富；同时也要注意，持续优化个体的认知体系，以实现个人认知算法的不断迭代。

（2）领先于他人的觉知与系统思考

很多优秀的企业家都有一个共识："看到别人看不到的，才能领先于他人。"所谓"看到别人看不到的"，是指在个体对外界事物的觉知上领先于其他人，并在实际行动上抢得先机。

比如创富界的"股神"巴菲特，对投资的全方位、多角度认知使之获得了巨额的投资回报，其价值投资理论更是在很长一段时间里大行其道。还有一些高收入人群在自己财富稳定时为家人们买上匹配的保险，以此应对意外和保障生活。这实际上是他们对风险的认知。

在这里，我们还发现在新时代发展的当下，如全球新兴崛起的投资机构灰度更是把握了区块链的趋势，灰度持有和管理的数字资产总规模升至 277 亿美元。除了灰度投资公司外，DCG 在整个区块链行业投资了近 200 个项目，从交易平台、加密货币钱包到媒体、区块链协议，DCG 的投资几乎覆盖了区块链行业的每一个环节。随着美国大选的落幕，比特币价格达到了 2020 年的最高点，突破了 4 万美元。当下人们讨论的不再是加密货币是好还是坏的问题，而是这就是发财的机会。

当然，对于普通人也是如此。我们要像巨人一样去思考，持续优化思想认知，学习和继承传统认知，在此基础上深度思考，系统决策，再行突破与创新。这样，我们的思维逻辑系统会越来越深刻和严密，进而形成自己独有的财富观念。

第二节　财富认知的继承与突破

奥地利作家茨威格在其回忆录《昨日的世界》中说："发财致富对犹太人来说只是一个过渡阶段，是达到真正目的的一种手段，而根本不是他的内在目标。一个犹太人的真正愿望，他的潜在理想，是提高自己的精神文明，使自己进入到更高的文化层次……"这段话既描绘出犹太人对财富认知的强烈渴求之态，又表现出犹太人对"以认知创造财富"这一行为的肯定。

事实上，每个人都可以获得自己认知范围以内的财富。认知是一个人思维的格局，决定着一个人的财运。而一个人要想改变自己的财运，增加自己的财富，最重要是继承和突破自己的财富认知，拓展自己的视野和格局。

1. 自身的认知受限，自然无法收获财富

有这样一个故事：

一位热心的富人想帮助一个穷人脱贫致富，于是送给穷人一头公牛，并建议穷人好好喂养。

牛要吃草，人要吃饭。没过几天，穷人感觉日子越来越艰难了。穷人开始想："要不，我卖了牛，买几只羊；然后杀一只羊救救急，剩下的继续养，赚更多的钱。"

穷人立刻行动起来，但是没等小羊出生，穷人杀掉的那只羊很快吃完了，而剩下的羊还没有生小羊。而此时，穷人的日子又开始艰难了。为了解决生计问题，他不得不一直杀羊，一直到只剩下一只羊。

穷人又想出新方案："把羊卖掉，买几只鸡；等鸡下蛋后，卖掉鸡蛋，日子就会好起来。"穷人去市场将羊换成了几只鸡。可是没等到鸡下蛋，日子又艰难起来了。于是，穷人忍不住又杀了一只鸡……等到春天播种的季节，穷人吃光了所有小鸡，什么也没有了！

故事中的穷人，为什么在得到资源之后还会继续贫穷？本质上是因为他的认知仍然处于贫穷状态。他认识不到资源的重要性，意识不到决策的改变会给自己的未来带来多大的影响。

事实上，如果这位穷人能够预见自己的未来，那么他的做法可能是完全不同的：他可能坚持不会卖牛，绞尽脑汁、想方设法地熬过那

段最艰难的日子，然后过上耕作生产的正常生活，在持续积累的过程中逐步变成家境殷实的富人。

我们经常说："贫穷限制了我们的想象。"其实，是认知的匮乏让人陷于贫穷状态，束缚了一个人的未来行动。我们要认识并重视这一点，主动突破认知的束缚，让自己看向更远的目标。

2. 初始财富认知来自家庭或家族传承

一个人对财富的初始认知，往往是来自原生家庭或者其家族。而这种在潜移默化之中形成的财富观念，不仅会伴随一个人的早年财富积累过程，甚至还会影响一个人一生的财富创造总量。这便是财富认知传承上所发挥的作用。

说起财富认知的传承问题，就不得不提起犹太人。据统计，犹太人在全世界总人口数量中仅占 0.3%，但他们却几乎掌握了世界经济的命脉。在全世界最有钱的企业家中，犹太民族达到一半以上。因此，犹太民族被视为目前世界上最富有的民族，有"世界金穴"之美誉。究其原因，便在于：犹太人有着从孩提时代就开始被培养出的独立生存意识和代代传承的财富智慧。比如，美国股神巴菲特、量子基金创办人索罗斯、微软公司共同创办人艾伦、华纳电影公司创办人华纳、美国石油大王洛克菲勒、罗斯柴尔德家族，他们都是犹太民族后裔。而他们头脑中那些代际传承的财富认知，则将他们带上了财富的巅峰。

　　罗斯柴尔德家族是在欧洲极负盛名的金融家族之一，其家族成员几乎全部都是犹太人。梅耶·罗斯柴尔德被公认为是该家族的创始人，最早从事货币买卖业务。他最初在德国汉诺威的一家知名家族银行学习，随后在法兰克福创立了自己的事业。在具体业务上，他不仅从事古钱币和古玩交易，还从事黄金白银与纸币的兑换。

　　后来，梅耶带着自己的五个儿子到欧洲大陆开拓市场。梅耶的第三子——内森·罗斯柴尔德最先离开德国，于1800年在英国伦敦开设了分公司；而另外几个儿子则留守法兰克福，或到阿姆斯特丹和巴黎拓展业务。当时，他们主要利用欧洲各地不同的汇率（低买高卖）来获取利润。

　　再后来，内森为普鲁士政府提供了500万英镑的贷款，为该家族的国际贷款业务创造了一种新模式。除了通过债券发行为世界各地政府筹集资金之外，罗斯柴尔德家族在19世纪还选用了多种创富方式，比如，为皇室、政治家提供理财服务，从事黄金和货币交易，以及在矿业和工业等领域的投资。1836年，内森去世。当时，内森被称为"英国最富有的人"，整个罗斯柴尔德家族拥有的资产多达600万英镑，因此登上了世界财富的巅峰。到了1852年，罗斯柴尔德家族资产数量更是高达953万英镑。

　　罗斯柴尔德家族的风光持续了一个多世纪。1918年后，罗斯柴尔德家族的声势逐渐减弱。有人认为，这个古老的金融家族很可能迅速像恐龙一样走下历史的舞台。但是，他们明显低估了罗斯柴尔德家族的环境适应能力。

罗斯柴尔德家族到底在全球投资了多少生意并创富几何，只有家族中的少数核心成员才能了解，而外界也只有极少数人才能觉察到其蛛丝马迹。比如，2004年为英国政府的移动通讯3G牌照拍卖充当融资顾问的便是罗斯柴尔德家族——不过这条消息在《华尔街日报》上绝对看不到。

有这么一句话盛传已久："在金融界你不知道罗斯柴尔德家族就像作为一个士兵却不知道谁是拿破仑，研究物理学的人不知道爱因斯坦一样不可思议。"罗斯柴尔德家族如今虽然行事低调，看似声名不显；但是，关于财富认知的代际传承力量却使得这个家族无处不在。

在很多财富创造者的心目中，真正的成功并不是在一笔交易中获得了多少财富，而是从创造财富的过程中获得了理性的认知，并将这些认知在家族或群体中持续传承下去。而对于后来者而言，学习、践行、继承和吸收这些财富认知中的精髓，则成为个人创造财富的关键所在。

3. 突破固有认知，升级财富意识

随着时代的变迁、社会的发展、技术的进步，若想更多地积累财

富，那么我们的认知体系也要不断地与时俱进、升级迭代。有人说："只有将自己升级为一个不同的物种，你才有机会，在这个时代实现弯道超车"。的确如此。因为，我们只有颠覆原有的认知，探寻新的维度或领域，升级自己的财富意识，实现认知层面的成长，我们才能让自己建立起相对优势，从而在先入场或领先状态下赚得钵满盆满。

事实上，如果我们仔细观察，在每个行业里都有这样的人。比如史玉柱。

1991 年，他投资了第一个产品"脑黄金"，后因投资巨人大厦导致资金链断裂而几乎破产，欠债 2.5 亿元人民币，陷入人生的低谷期。然而到了 1997 年，他又大力推出了"脑白金"，并由此重新崛起。2009 年 3 月 12 日，史玉柱在福布斯全球富豪排行榜上位居第 468 名，财富值 15 亿美元。2019 年，史玉柱、史静父女在福布斯全球亿万富豪榜位居第 1511 名，财富值 102.5 亿元。

是什么让史玉柱能够创造如此多的财富，并在负债数亿元的超级压力下绝地逢生、再次崛起呢？他所拥有的核心武器不是资源，而是认知。可以说，史玉柱在营销方面的认知水平在这三十多年里始终处于超前水平——这种认知是领先于他人的，同时又是与时俱进的。

再比如，近年频频见诸媒体的华为公司。任正非刚刚成立华为时，华为公司仅仅是一家只有十几人的交换机代理商。代理模式为华为赚得第一桶金，但是同时也存在各种进出口政策的限制以及来自原厂的各种风险。为了更好地为客户服务，华为决定自主研发并控制生产，并于 1990 年开始逆向开发专用集成电路。再后来，华为将业务重点转化为"为客户提供其需要的解决方案"，近年又转变为"向全球提供领先的 ICT(信息与通信) 基础设施和智能终端"，华为真正实现了"把数字世界带给每个人、家庭、组织，与更多合作伙伴一起构建出一个万物互联的智能世界"。

1992 年，华为的营业额首次突破 1 亿元人民币。至 2019 年，华为公司的营业收入达到 1220 亿美元，折合 8523 亿元人民币。如此快速的创富速度，同样是来自华为经营者的认知变化。华为的每一次改变，都是因为创始人及经营者发现了原有认知在实践中遇到了问题、不足或挑战。随后，他们便迅速做出了修正动作，在战略和策略上做出系统调整。

从本质上来说，企业在经营战略和策略上所做出的调整，并不仅是直接的行为或称"术"的层面的改变，更多的是在行业认知层面的改变。在与时俱进的过程中，这种认知变化最终必然会推进人们财富意识的升级迭代和财富认知体系的重新架构，并由此实现现实财富的迅速聚集和增长。

第三节　跳出误区，重塑你的财富观

认知决定行为，行为影响结果。这个理论在财富创造过程中同样适用。马里奥·普佐曾在《教父》中这样写道："在一秒钟内看到本质的人和花半辈子也看不清一件事本质的人，自然是不一样的命运。"我们也可以这样理解，一个人或企业要想在预期的时间里创造预期的财富，那么就必须尽早规避或调整错误的财富认知，形成正确的财富观念和认知能力——甚至，这应该是人们在第一时间里考虑并处理的问题。

1. 不追求一夜暴富，财富持久来自稳定增长

有人询问股神巴菲特："为什么你的投资方法如此简单，而许多人却做不到呢？"巴菲特意味深长地说："因为没有几个人愿意慢慢地变得富有"。这句话道出了人们内心的一个秘密，那就是希望赚快钱、一夜暴富的心理。

我们往往羡慕那些站在风口的牛人，看着他们乘风而起，成为富豪。这些人无疑都是非常幸运的人。但是，我们如果想要成为他们中的一员，最靠谱的方法不是直接复制或盲目追随，而应当

聚焦于一个领域内，然后付出自己的时间和精力去深度耕耘。唯有如此，我们在等到风来之时，才有能力抓住降临在自己面前的机会。

可以说，一个人总是试图去赚快钱，恰恰是毁掉自己的最好方式。因为，如果我们总是想方设法赚快钱，把自己的精力和时间分散到各种能够赚快钱的渠道和途径，那么这就意味着我们让自己无法在任何一个领域聚集足够的能量，故而最终失去了成为专业人士的机会。

诚然，在年轻力壮的时候，我们即便是凭借体力去勤快赚钱，也是可以维持温饱生活的。但是，如果我们不能在某个领域持续深耕，不做深度积累，那么我们最终必然会随着年龄的增长而逐渐贬值。这也是很多人出现所谓"中年焦虑"和"老年恐慌"的根源所在。

因此，不要盲目求快，不要急于赚快钱。事实上，那些在投资领域的高手们都不会追求短平快。像股神巴菲特，他所获得的财富都是他长期深耕价值投资的结果。他总是先找到好的投资目标，然后一点点买入，持续等待未来财富增长的机会。

非常有趣的是，巴菲特还特别推荐过一种慢慢致富的方法，叫作"定投指数基金"，即选择大盘指数基金，然后将每个月薪水的一部分买入该指数基金，持之以恒。这种做法并不会影响个人日常工作的开展。就这样，等到牛市到来时，持有者很轻易地就可以使自己的财富积累翻上三四倍，甚至更多。然而很遗憾，正如巴菲特所说的"没有几个人愿意慢慢地变得富有"，在现实生活中采用定投指数基金的方法进行理财投资，这仅仅是一小部分人的选择而已。很多人都得了发财焦虑症，渴望着天降金币、一夜暴富。

然而，财不入急门。面对任何机会风口，我们不要盲目地追求一夜暴富，也不要让自己长期陷于焦虑和浮躁的状态之中；而是要先解决自己的内在认知问题，端正自己的创富和理财心态，保持清醒理性的头脑，厘清自己的理财思路，规划好自己的职业之路，学会坚持与等待，这样才能让自己成为吸引财富的磁石。

2. 不奢望一劳永逸，财富自由有赖持续作战

有的人认为，财富自由是指那种赚到很多钱，足够让自己一劳永逸地生活，再也不用工作和忙碌了。这也是大多数人所理解的"财富自由"的涵义。

而事实上，真正的"财富自由"是指，一个人有足够多的时间和足够多的钱，去做自己想做的事情。在"基本"的生活需求得到"持续"保障的前提下，有足够的资本可以"自由"地投入到"该做"的事情中。

我们永远不要指望着努力一次，就能赚到足够多的金钱，站到足够高的位置上。人的一生是一个持续成长的过程，直到生命终止，否则没有终点。而无论走到哪一步，我们都不能忘记去提升自己。

我们知道，软件需要持续更新版本。我们可以想象得出，如果QQ软件没有自我更新，那么它可能至今仍然是20世纪90年代的版本，而腾讯自然也就不可能成为如今即时通信软件的巨头企业。

人生也是如此，我们要努力让自己每一天所持有的版本都能优于前一天的那个版本。如果我们不能自我学习，不能自我更新，那么想要获得财富自由是不可能的。即便一个人可以在短期内赚到很多钱，他也会因为缺乏后劲而最终没落，甚至"凭实力亏掉更多钱"。而通过持续自我学习和自我更新，则会使人们无论在什么时候需要钱，都可以有办法赚得到，这才是真正的"财富自由"。

事实上，即便是单单从资产配置的角度来说，也是没有一劳永逸的解决方案的。因为，市场总是在涨跌起伏，资产类别的价格总是在波动，还有很多不确定因素都在变化。为了应对这一切变数，投资者极有必要根据自身的风险偏好、资产类别价格变动等进行有针对性的调整配置，以实现资产配置再平衡。

3. 不局限于"人赚钱"，还要重视"钱生钱"

当完成了一定量的财富积累之后，你会怎么做？当然是让财富量持续增加。但是，很多人的财富增长始终如蜗牛爬行的速度一般，而我们所处的世界却以光的速度在变化，这是一种让人颇感纠结的情况。

事实上，在未来的创富领域，我们不仅要重视"人赚钱"的能力，还要重视"钱生钱"的能力！所谓"人赚钱"，考验的是人的健康体魄、时间管理能力、智慧应用能力，甚至是同一份精力付出所创造的多重收益效果。而所谓"钱生钱"，则考验的是人们的投资能力，即把自己赚到的钱投放到合适的领域，使之衍生出更多财富，形成复利效果。

而无论是哪一种财富模式，都要优先考虑财富获取的合法性、持续性，以及财富留存的长期性和安全性，时刻警惕因个人欲望过度而使得自己不识前路、行差踏错。

第四节　对新事物保持敏感与接纳之心

对于财富的认知，不仅应是系统的，还应是持续升级的。为此，我们必须对新事物保持敏感，乐于接纳，主动学习和研究，从而实现个体认知的更新与优化，拓宽自己的财富格局。

1. 克服认知遮蔽，不轻易排斥新认知

我们一生中会做出无数的决策，而这些决策皆有赖于我们的认知水平。系统而成熟的认知会帮助我们做出周全的决策；但是一旦认知体系过于成熟，又会随之造成认知的遮蔽效应。

而我们要想建立一种崭新的认知，往往是基于一个现有的认知，而现有的认知和新的认知之间存在着很大的差别。举个简单的例子来

说，当年 QQ 的产品经理在看待 2011 年刚上线的微信软件，他可能会认为"微信不就是另一个版本的 QQ 吗"？这实际上便是一种认知遮蔽效应的呈现。而且，一个人基于过去的认知而获得的成功越大，那么他形成的认知遮蔽效果可能越强，他会越排斥这些新的认知。

2. 对新事物持以敏感和好奇的态度

对新事物不必盲目追赶，但是要有敏感的态度。

在儿时，人们往往是通过睁大眼睛看或张大嘴巴去舔咬，来探索和感受这个世界的样子。之后，大人会说明一些禁行要求，于是人们的探索兴趣逐渐减弱，再后来，那种强烈的敏感和好奇之心逐渐被磨灭……随着日复一日的逐渐长大，大家开始变得见怪不怪、习以为常。

而且，每个人的影响或者涉及范围原本就相对较小，能够形成的见识也相对狭隘，且往往拘囿于固定范围内。然而，随着信息技术的出现，信息的扁平化让我们能够非常便利地接触和感知到全球范围内的文化、科技、经济等诸多方面发生的一系列变化。

如果我们保持敏感之心，那么我们便能及时地感知世界的细微变化；如果我们能够保持一颗好奇心，那么我们便会主动探究这种变化背后的原因，进而更好地应对这种变化，甚至借助变化而开辟新的认知空间。

但反之，如果我们始终以一颗麻木的心态面对，那么我们必然会错过许多正在发生和即将发生的有趣的事情。时下，我们正处在新时代的发展浪潮之中。如果我们长久地拒绝感知外部变化，那么时间就如温水煮青蛙一样，让我们的感知系统越来越迟钝，直至再也无法跳出这锅日趋沸腾的热水。

因此，我们必须意识到：时代在持续变化，科技在不断进步，商业模式也在日新月异地发生着改变。而它们正在等待我们拾起自己的好奇心，去探索各种细节的变化以及变化背后的原因。

3. 探索新事物变化发生的原因和趋势

不可否认，很多人对新的事物并不抱有好奇之心，也不会为之主动思考。由于缺少这种思维的敏锐度，他们往往不会及时察觉到行业变化，也不会主动了解新兴事物产生的原因。然而，如果不去了解"是什么导致变化"，我们又如何知晓该如何应对变化呢？

世界的变化是客观存在的，而变化本身也并不可怕。事实上，恰恰是革新和创新，在给社会带来无数的新机遇和新挑战，并由此推动整个世界的持续发展。

作为身处其中的我们，不论是创业者、管理层，还是普通职工，都应该及时去了解新兴行业和新产品的问世情况，这样才能尽早了解到它们会给自己的工作和生活带来怎样的影响。

如果它们的出现对自己而言是好的机遇，那么我们就应该好好把握此次机会点。如果它们对自己而言是冒险、挑战，那么就要做好及时、充分的准备，主动转变过去的风险应对思路，降低风险和损失，如此才能转危为安。

就比如现在，你是否具有先进的、丰富的数字经济产业领域认知，便很可能决定着你是否能够顺应时代发展的潮流，是否能够在恰当的时机进入这个行业，并最终缔造自己的财富王国。

第二章
认知升级，打造财富力

　　财富池的日益扩张，来自人们财富创造力的提升。这又有赖于个体财富认知的持续升级和思维方式的不断深化。事实上，当一个人的财富逻辑日趋严密时，他往往可以更精准地把控那些能改变个体行为的因素，灵活运用那些使自己进入更佳状态的资源，在学以致用的过程中增长个体的阅历，而后又在经验总结之后形成自己独有的"财富观念"，去推进下一轮财富认知升级和财富创造过程优化。

第一节　知：乐于学习新知，优化思维模式

美国石油大王洛克菲勒说："即使你们把我身上的衣服剥得精光，然后把我扔在撒哈拉沙漠的中心地带，但只要有一支商队从我身边路过，我就会成为一个新的百万富翁"。这句话听起来似乎有"富人天生注定是富人"的意思。但实际上是说，一个人的观念和思维方式是他所拥有的真正财富。一个人拥有了优秀的内在思维体系，那么他在获取财富的道路上会是轻而易举的。

1. 内在思想决定外在人生

"思想观念建构了我们的世界。"这句话看似唯心，却是真相。生活中常听一些人说："如果我有钱，绝对比王思聪厉害。"其实未必。美国国家经济研究局做过一项调查：近 20 年来，欧美彩票头奖得主，5 年之内破产率达 75%。为什么会这样？因为他们虽然有钱了，但思想层次并没有提高。长期陷入恶性循环的人，即便偶尔暴富，也会很快变穷。

一个人的理财观念存在误区，那么即便他一夜之间拥有了很多很多钱，但仍然是无法改变其内在属性的。在生活里，我们经常讨论这

样的问题："如果你买了一张彩票，中了 1000 万元，那你会去做什么？"其中有人说："我要好好享受生活，去环球旅行。""我要买个游艇，去海上钓鱼。"也有人会说："我要是中了 1000 万元，还用做什么？那我不用做什么，只需要把钱存起来，光靠吃存款利息，也足够我的生活费了。""我要买房租房，做个包租公包租婆。"

诸如此类。这就是我们当下所能想得到的最美好的生活状态。其实，许多人一朝富有，往往仍然是去过一种自己认知中的"富人生活"，比如可以挥金如土，无所事事，最终坐吃山空。而那种会想到把钱存银行吃利息，或投资房产、租赁领域，这已经算是在开动脑筋进行理财操作了。

有的人并不会主动改变自己的理财观念，他们想当然地以为自己只要"有钱了，就会自然而然地匹配财富的生活""如果有钱，谁还不会花？"其实，这样的人即便有朝一日能够大发横财，那天降的财富也往往会很快流失。因此，当我们拥有一笔财富时，首先应该做的事情就是：改变自己过去的理财观念，磨炼自己的理财能力，让自己的能力足以配得上这笔财富。假如我们现在尚且没有很多钱，那么我们更需要改变自己的财富观念，改变不满意的现状。

因为，如果一个人的观念存在问题，那么即便知道某种先进的理财方法，他也往往无法运用于实践。这就好像电脑的运行模式：如果电脑的配置过低，那么它根本无法运行先进的操作系统。

有的人即便遭遇危机，跌落于尘埃之中，但仍然能够重新站起来，像褚时健、史玉柱。但也有很多原本富有的人在垮掉之后再未崛起。这是因为后者的富有来自身份、地位、时代、运气等外在因素，而前者的富有却是源于思想和观念层面的提升。毫无疑问，只有真正懂得财富内涵并为自己持续扩容的人，才能经受住起伏颠簸的人生；即便遭遇负债累累的重创，仍然有能力重新走上财富巅峰。

2. 以非专业的起点，设计专业化学习计划

我们知道，一个人的见识与格局，通常是来自他对世界与社会的认知。那么这些认知又当如何快速获取呢？最简便的方法就是：多读书、多学习。通过广泛而有深度的阅读，人们可以使自己的认知体系更为全面、系统；如果某些新领域未成系统知识体系，也可以自行搜集相关资料进行学习，以此为自己的认知系统持续扩容。

比如，我们可以多读历史。因为，历史是对过去的总结，会告诉我们关于时代变迁与世事发生的底层逻辑、因果关系。这会帮助我们了解自己和他人的行为逻辑，做到知己知彼。再比如，我们还可以了解一些另类新知识。

"造新能源车""造火箭"，这些都是一直跟随着埃隆·马斯克的闪亮标签。为什么想去探索太空？为什么他会去造新能源车，造火箭？

这一切源于他在 14 岁那一年阅读的一本叫作《银河系漫游指南》的科幻小说。从此，他有了自己的人生理想——探索太空。后来，他

在宾夕法尼亚大学读本科时选择了物理专业，再后来又申请了斯坦福大学的应用物理和材料科学博士项目。

他在这些不同的领域里（包括火箭科学、工程、物理、人工智能、太阳能和能源）进行广泛学习，然后去了解并连接这些领域的底层原理，再将这些原理加以应用。众所周知，埃隆·马斯克曾投资或创办了多家公司，包括在线内容出版软件"Zip2"、电子支付"X.com"（后来与Confinity合并，2001年正式合并入国际贸易支付工具"PayPal"）、美国太空探索技术公司（SPACE X）、特斯拉汽车公司、光伏发电企业太阳城公司，等等。2021年1月福布斯实时富豪榜上，埃隆·马斯克的个人资产达到1897亿美元，超越亚马逊创始人杰夫·贝佐斯的1857亿美元成为世界新首富。

很明显，马斯克对学习计划的规划，使之形成了系统的认知架构；而他疯狂的大脑和缜密的设计能力，又影响着他后续的行业选择与投资规划，影响着他的财富力。

认知结构对每个普通人的行为都发挥着影响，也影响着每个人的财富世界。当一个人不断地扩充自己的新知识领域，那么他也会为自己的财富增长打造新的通道。

近日，比特币交易市场上，比特币疯狂增值。而事实上，在过去的十一年期间，曾有非常多的早早接触到比特币的玩家，他们可能是互联网早期用户、程序员、甚至是网游爱好者……这些人最初因兴趣而持有了一批极为廉价的比特币——在2009年时，7元人民币就可以兑换1300个比特币。当然，在这过去的10年里，比特币被媒体（包括官方媒体）、机构、互联网公司等行业领域宣判的死亡次数累计超过了328次。不过，即便如此，仍然有那么一部分币圈大佬（或是隐形大佬）扛住了最难熬的时期，一路拿到了2021年。截止到2021年1月，比特币的价格一度冲上43000美元。

这巨大的红利回报让人颇感眼红。但多少投资者或持有者真的能扛得住寂寞、压力、利益诱惑、风险压力而长期坚持下来呢？非常少。而这部分长期持有的人之所以能够坚持下来，从根本上来说是来自个体持有者对比特币的相关知识、发展趋势等的系统了解和综合判断。

当然，也不排除一些投资者，以无知无畏的态度随意撒网布局，最终非常幸运地获得收益，这是极为少数的现象。而且，正像我们常说的那样，凭运气获得的财富，最终又会凭实力亏出去。事实上，在比特币达到43000美元之后，比特币市场大幅震荡，追涨被套、杠杆交易爆仓的投资者不在少数。所以，通过专业化学习而获得财富认知，保持理性投资，这才是创造并守住财富的绝佳路径之一。

3. 学习只是动作，更重要的是理解和架构

许多人表现出非常努力的学习姿态，他们学习过一些财富观念，

记住了那些深奥的概念性名词，但却未能理解其中深意——既看不到这些概念背后的智慧，也无法运用这些智慧来解决自身的问题。

这也是为什么有的人对理财知识孜孜以求，却始终不能内化的原因。因为，他仅仅是学习过、了解过、记忆或记录过，但并未真正理解理财知识的思想内涵和内在逻辑，更没有将其内化为属于自己的智慧。所以，他们无法改变自己的财富状态。

而且，这里所谓的"理解"也存在不同的层次。比如，很多人都知道"要存钱"。但是，有的人会将钱存进银行，有的人会将钱放进货币基金，有的人会将钱放进P2P，还有的人会将定投指数基金视为存钱。这种差异化的理解和认知，使他们表现出不同的行为和方式，并创造截然不同的财富结果。

一般而言，深入学习并形成系统认知的人，会将其所学真正运用于生活，进而转化为自己的财富。而如果一知半解就贸然行动——比如创业或投资，则可能带来不良后果，从而损害自己创造财富的信心。因此，我们获得财富之前，务必先敞开胸怀，乐纳新知，逐步扩充自己的知识系统框架，让自己的大脑内存得到持续优化；同时，与实践关联，根据自身情况和财务目标，制订属于自己的财富计划。

4. 将学习变成生活方式，贯穿自己的一生

世界500强企业中流传了这样一条知识折旧定律：一年不学习，你所拥有的全部知识就会折旧80%。你今天不懂的东西，到明天早晨就过时了。现在有关这个世界的绝大多数观念，也许在不到两年的时

间里，将成为永远的过去。

华为创始人任正非曾这样说道："一天不进步，就可能出局；三天不学习，就赶不上业界巨头，这是严酷的事实。"任正非认为，每个人都要养成学习的习惯。他在自己的文章中写道："我曾经讲过一个故事，就是如果一个人倒着长，从 80 岁开始长，1 岁死掉的话，我想这个世界不知有多少伟人。我们的父母教育我们要认真读书，我们却不认真读书；等我们长大了，又告诉我们的孩子要认真读书，他们不认真读书，他们还要批判我们；他们长大了，又管教他们的孩子要认真读书……如此重复的人生认识论，因而人就没有很大的长进。如果从 80 岁倒着长，人们将非常珍惜光阴，珍惜他们的工作方法和经验。当然，从 80 岁倒着长这是不可能的，但学习方法上是有可能的，我们如今有如此庞大的知识网络和科技情报网络，充分利用它们也就跟倒着长一样，只不过要有谦虚认真学习他人的精神才行。从这一点上讲，年轻是缺点，但也是优点。"

事实上，很多成功的人都是凭借着持续学习的精神，及时纠正和弥补不足，从而不断地提升自己的专业水平。人非生而知之，而是学而知之。持续学习，才能有持续的成长。

为了自己在这个世界上生活得更好，我们必须不断地习得新知——如果条件允许的话，我们应该将学习当作生活方式或习惯。因为，学习可以让我们自己的认知更丰富，让我们的格局越来越大，让我们的前瞻性越来越强，让我们对情势的判断越来越准确，进而影响我们在决策、行为包括投资等方面的表现。

在现实生活中，很多不太富有的人常常说："我没有时间，我没有钱，没法去学习。"或者干脆认为："学习无用，还不如吃好喝好玩好。"而很多拥有巨额财富的人拥有学习的习惯，迫使自己不断地学习，不断地进步，避免犯错。

比尔·盖茨在参加高中同学45周年纪念会时写道："从1973年开始，很多事发生了变化，但是我喜爱学习新知这一点依旧如初。"他在微博上，分享他"最爱"的思想家们，分享深深打动他的那些"真诚而坚定"的故事读本和自己构建的日益广阔的认知框架。而我们再看看盖茨的朋友圈，比如巴菲特、查理·芒格，他们也都是嗜书如命之人。他们虽站在全球财富的金字塔顶端，却仍然在不断学习新知，且乐于分享。

社会在进步，世界在日新月异的改变，无论一个人选择了什么样的事业，都需要深入地学习。我们越擅长自己的专业，挣的钱就越多。即便我们不去工作，依靠理财投资为生，我们同样需要让自己成为理财投资领域的专家，无论是房地产、股票还是其他方面的投资者，如果其自身不具备专业的知识和经验，也是无法成功赚到钱的。

在此建议大家将自己收入的一部分存下来做自己的教育基金，用这笔钱来上课、买书，或任何自己需要的学习方式——既可以是正式的系统教育，也可以是简单的技能培训。每月至少读一本书，听一节有关财富、生意或个人发展的课程。当你的认知在不断地丰富，你的财富才会跟随你的认知聚拢而来。

第二节　转：优化人力资产，实现资产增值

所谓"资产"，是可以给我们带来现金流的一种资源。而人本身可以创造源源不断的现金流，所以，人本身也是一种资产，即"人力资产"。不过，它需要我们优化控制社交活动，如此才能让人力资源从简单的人脉累积转化为可增值的人力资产。

1. 深度链接牛人，向牛人求取真经

什么样的人，可以称之为"牛人"？事实上，在任何专业领域内有所建树且有一定的知名度的人，我们都可以称之为"牛人"。牛人们在专业领域内比普通人领先一步，如果能够与之链接，可以使我们获得快速成长的机会。所以，很多聪明的人在向上升级的过程中，会尽可能地尝试链接牛人，接触牛人，创造机会并花时间和牛人大咖待在一起，去了解他们的思维，以更大的概率选择正确的方法做正确的事情，少走或避开弯路。

那么，如何找到牛人，与之链接呢？事实上，在如今的各大互联

网平台（如知乎、头条、微信等）上都入驻了很多专业达人、大咖，通过平台通道与之链接是非常方便的。此外，还可以以共同认识的人为中介，去链接目标牛人。只要我们明确自己的目标诉求，那么我们完全可以通过这些途径精准地链接到目标牛人。

有人可能会心怀忐忑："牛人们都很忙吧，他们会愿意与我建立链接吗？"为了获得肯定回答，就需要我们认真规划链接过程。一般来说，牛人们是很愿意提供帮助的，我们首先要敢于与之链接，并拿出自己的诚意，创造见面或交流的机会。

对于巴菲特这个名字，大家应该都已经非常熟悉了。在很多人的心目中，巴菲特已经不再是人，而是"超级牛人""股神"；他的观点、言论更是被奉为投资界的金科玉律。2000年开始，有一个活动引起了全球轰动，叫作"与巴菲特共进午餐"。与巴菲特共进午餐者可以在吃饭时，向巴菲特询问除了个股以外的任何问题。这个活动每年进行一次拍卖，而拍卖所得善款将会全部捐献给美国的慈善机构。

和巴菲特共进午餐，这实际上就是一个与牛人链接的机会。第一个和巴菲特吃饭的中国人是"小霸王"的创始人，也是步步高集团的董事长段永平。当时，段永平以400多万元的价格，拍得了与巴菲特共进午餐的机会。在共进午餐时，段永平还带了一个年仅26岁的年轻人，他是现在当红的拼多多创始人黄峥——如今，黄峥也已经成为一位身价千亿的富豪了。

一般而言，以感情为基础，在日常往来中与牛人成为朋友，这无疑是最理想的链接方式和状态。但如果不能实现这种状态，那么选择付费约见，以金钱或转化形式来回馈牛人的帮助，也不失为一种适宜的方式。

2. 充分展示自我，学会为自己背书

如果你已经是一位牛人，但却如同金子一样被埋没在沙石之下，那么你需要学会充分展示自己，让世人更好地看到你，这样才能让个人资产获得增值的机会。简单地说，我们要考虑个人品牌的打造，让人们遇到某方面问题时能够在第一时间想到你，这也是实现个人资产增值的必经途径。

自我展示必须借助一定的载体，这个载体可以是个人成果输出。借助可视化的成果输出，将自己的长项展示出来，突出对他人有好处或能够带来机会的那个部分，这是建立链接的起点。比如，一位基金经理希望进一步拓展自己的服务群体，那么他需要将自己过去取得的服务成果进行可视化展示，比如从业年限、任期回报率，从而让潜在客户一目了然地看到自己的实力。

此外，我们还可以借助名人效应。

美国心理学家曾做过一个有趣的实验：一天，他邀请了一位"在化学领域有突出贡献的专家"，与之一起给学生上课。随后，这位化

学家说"我发现了一种新的具有强烈的气味，但对人体无害的化学物质。我想借今天这个机会，来测试一下大家的嗅觉"。然后，他打开了瓶盖，让学生们排队走到瓶子前，并仔细地闻了闻。他请闻到气味的同学举手。随后，很多同学举了手。最后，心理学家告诉大家：那只瓶子里实际上只是装了一点无色无味的蒸馏水，而这位"化学家"实际上是从外校请来的德语教师。

在这个实验中，学生们之所以说闻到了气味，并非他们说了谎，而是他们在名人效应的暗示下，产生了一种知觉错误和判断误差。如果名人知名度高，为世人所熟悉、喜爱，那么便很容易获得世人的好感、关注和记忆，而与之关联者也会得到被爱屋及乌的喜爱。

所以，打造名人效应是一种自我展示的有效方法。我们可以通过邀请权威专家、专业达人、头部品牌等为自己背书，再比如个人著述公开出版发行、专业资格认证、互联网平台推广、专家力荐、客户真实反馈，等等，都可以为我们因名人效应而获得更多自我展示的机会，进一步提升个体知名度，甚至更有针对性地覆盖背书者的客户或粉丝群体。

3. 多维链接，打造合作创富的新模式

事实上，人力资产实际上是增值产品。因为，当你成为牛人，能够为他人提供更多更好的价值时，很多优秀的人会来主动与你链接，强强联合、互利合作。而在优秀大脑的思维碰撞下，势必会衍生出更

多实现资产增值的可能性。

举个简单的例子，有一位读书会创始人曾分享了自己的经历。她说，她最初只是自己喜欢读书，希望通过读书和践行来摆脱不喜欢的生活状态。读书的过程中，她在自己的朋友圈里进行了分享。后来，她以宝妈为目标客户群，组建了自己的线上读书会。读书会的报名费从最初的22元到如今的333元，费用在提高，报名听她分享的人也在逐步增加。近年来，越来越多的合作者找到她，围绕合作开发一些关于理财、养生、玛雅历法等方面的课程。

在这个过程中，合作者通过她的渠道精准抓取到自己的新客户，客户们通过她认识了一个新的领域，而她自身也通过这个链接合作的过程而获得了收益。这个合作开发的过程，就是实现人力资产增值的过程。

4. 借势乘力，创造资产升级的奇迹

在人力资产增值的过程中，除了在自身资源的基础上进行链接之外，还要学会借助他人资源的力量。

世界船王丹尼尔·洛维格拥有6艘世界上吨位最大的油轮，他的船队大小船只加起来约有500万吨位；还兼营旅馆饭店业、房地产投资业，以及自然资源开发业，等等。在谈及此人时，人们常常会提到这个人善于借势——借用别人的钱来开创自己的事业，利用其他公司

的信誉来为自己的事业服务。

　　洛维格在最初创业时，只有一艘勉强能够航行的老油轮，而且手头的资金量非常匮乏。在这种情况下，他不得不频繁地奔波于各大银行，说服银行家们给他贷款。然而，面对几乎一无所有的他，银行家们做出的选择只有两个字：拒绝。

　　既然此路不通，是否能另辟蹊径呢？洛维格只有那艘老油轮；他请人修理好之后，还精心地"打扮"了一番。随后，他将这艘油轮以低廉的价格包租给一家大石油公司。接下来，他带着租约合同去找纽约大通银行，告诉大通银行的经理："我有一艘被大石油公司包租的油轮。如果银行肯贷款给我，那么由石油公司每月把租金直接转给银行，以此来抵付贷款的本金与利息"。

　　这一次，大通银行的经理们答应了洛维格的申请。尽管洛维格本人当时并没有没有较高的资产信用，但是那家石油公司有足够的信誉和良好的经济效益。大通银行经理认为：除非天灾人祸，除非那条油轮不能行驶，除非那家石油公司破产倒闭，否则这笔贷款就会分文不差地实现回款。

　　获得这笔贷款之后，洛维格买下了一艘自己想买的货轮，然后动手将货轮改装成一条装载量较大、航运能力极强的油轮，并把这艘油轮出租出去了。再后来，他又重复了上一轮的操作模式，再贷款，再买船、再出租……如此循环往复。就这样，他拥有的船越来越多，租金也滚滚而来。洛维格在不断积聚资本的同时也在不断地扩大自己的生意规模，最终成为世界船王。

事实上，无论是与牛人建立链接、邀约背书，抑或是彼此成就、乘势借力，我们的着力点皆在于一个点：实现人力资产或个人信用的实际转化，围绕个体构建新的商业模式。这是引领未来之道，也是新时代的营销密码。

第三节　行：重视积极践行，增长主体阅历

行是指践行。没有实际践行，我们就只是空掌握理论，而无法获得真正的经验，没有实际意义。而我们想要改变自己的命运，改变自己不满意的财务状况，就要踏踏实实地采取行动，进而持续收获丰富的人生经验，让自己和自己的财富得以成长，这才是财富人生的秘诀。

1. 以认知指导行动，以实践优化认知

无论多么系统、先进的观念，如果不能应用到实践，那不过是纸上谈兵。在实践中验证并不断优化自己的认知，如此才能让自己的人生实现真正的蜕变。

比如，有的人想要改变自己的财务状况，那么他需要先去改变自己的财务观念。但是，如果仅仅是心里想一想或嘴上说一说"我要改变"，或者读一读理财书，获得了理财的理论、思路、方法，这是无济于事的。真正想要改变，就必须真刀真枪地去现实中实践一番。

要想改变财务状况，那么就必须改变理财观念，更要积极地启动理财实践。如果说理财观念是对理财实践的指导，那么理财实践就是对理财观念的验证，二者之间存在着相互促进的作用。理财观念在人们开始行动前引导着人们产生实践动作，而理财实践获得的理财经验又可以再来改变原来的理财观念。通过理财观念与理财实践之间不停地相互作用，我们便会持续革新理财观念，获得成长，并不断地提升个人的财务水平。

价值投资的行为就是理财实践。很多希望致富的人在了解了巴菲特的价值投资方法后，就产生一些价值投资的理财观念：买传统企业股票；买股票就是买公司；越跌越买，长期持有。但在实践中，又发现自己对这些原则的践行并未让自己获得预期的财富。

有一位投资者，他按照这种理财观念进行理财实践后，非常失望地发现：自己没买的那些互联网成长股在如火箭般升值，而自己买的股票反而成了"难以出手"的大难题；买了某个企业的股票，但却无法向那个企业提改善建议，没有办法参与公司的管理，更无法左右企业的未来决策；遇到决定企业生死存亡的突发事件，仍然不加思考地买入股票，越跌越买，虽然自己坚持"长期持有"，但实际上就是"毫无理性地牢牢套住"，难以翻身，难以套现。

在经过了这些时间之后，这位聪明的投资者开始总结理财经验，形成价值投资的新观念，比如，购买那些处于快速成长期的企业股票；前往企业经营场所和生产地进行调研，结合真实的市场情况再做出投资的决策；遇到企业发生黑天鹅事件，存在极大破产风险，或者基本面发生根本性转变，失去较高的成长性的时候，尽可能选择离场观望。

从这个例子中，我们可以看出观念革新的过程：初步形成价值投资的理财观念 → 经过价值投资的理财实践 → 总结经验教训形成更清晰的价值投资理念……

这个过程是一个无限螺旋式向上（只要你想进步，没有上限）的过程。而且在知行合一、持续循环的过程，还会影响一个人的财富量级，乃至一个人人生的方方面面。

在生活和工作中，的确有一部分天才创富能手可以一朝顿悟、大发其财，但这部分人仅占极少数；而绝大部分人都需要通过持续学习、践行、总结再探索去获得成长和进步。

假如在这个过程中，我们没有获得经验或者干脆不去实践获得经验，那我们是无法获得真正意义上的成长的。但是，如果我们能够积极地投身于实践过程中，不断积累经验和财富，那么我们早晚会成长起来：不仅财富得以成长，思想也会得以改变。总而言之，实实在在地去实践我们的认知并进行认知升级，才是实现财富梦想的真正秘诀。

2. 保持践行的持续性，拒绝自我设限

人需要以一生的时间，去不断地践行、总结、再践行，让自己的认知体系处于持续升级状态。

接纳和学习新知，可以帮助我们打开对这个世界的了解之门；但是，深入现实，切实践行，知行合一，才能构建出自己想要的世界。践行会不断修正我们的认知，更深刻地帮助我们感知和把握这个世界的精髓。而缺乏践行的人，无法对这个世界形成更为敏锐和准确的感知。

而且，这个世界的变化飞速，即便是个体最新得到的认知，也可能存在"即将被淘汰"或"不适用于当下场景"等诸多问题。因此，我们要学会快速理解新知，迅速实践，验证，而后作出准确的判断。这应当是一件需要我们长期去做的事情。

须知，积极践行，持续践行，不要给自己设定限制，不要让自己"就此止步"，如此只会"坐吃山空"。财富之路没有尽头，一路向前，不断接纳新知，才能持续探索到更多的财富资源。

3. 刻意练习，让知识成为实实在在的能力

一些人经常慨叹："我读了很多书，上了很多课，但是过了一段时间就想不起来了，好像没读一样！"还有人专门去学习记忆法，用各种健脑食物去给大脑补充营养，但是好像也未见什么效果。

其实，学习的重点并不在于记住了多少知识，而是这个知识给人们带来了哪些启示或帮助，在哪些方面切切实实地改变了自己，或者让自己具备了某种能力。

黄启团老师曾分享过这样一件事："在我的导师团里有这样的一位学员，他每次上课都很认真地记笔记。他把笔记一本一本地发到社群里分享，写得比我讲的还详细。可是，这位学员上课有个特点，他从来没有做过练习，我布置的每一个练习他都没有做。据说，他自己的课也讲得很好，因为他把我讲的内容都掌握了。但是，这位同学在课堂上从来不做个案示范，因为他不会做个案示范。也就是说，他讲得头头是道，但要真正帮助某些人度过生命中的难关，或者要真正帮助学员改变自己时，他便会束手无策。如果这位同学在一段时间内不讲课，我想，他很快就会忘掉那些知识。"

如果人的大脑中只是记忆了知识，而无法用于处理问题，那么这类知识很容易被忘记。而那些扎扎实实成为能力的知识，则会成为身体的记忆，不会轻易忘记。比如，骑自行车、骑马、开车，等等。即便已经多年没有去做这件事情，但只要场景再现，当你骑上去或坐进去之后，你只需要再熟悉一下，就又可以继续熟练地运行。

而关于各种创造财富知识，如果你只是去海量记忆，那么你可能会成为一个优秀的理论家。但如果你能亲身验证，你的阅历会让你的体验更深刻，让你的认知系统更强大，你才会真正获得让自己富有的能力，你才有可能创造出自己的财富人生。

第四节　明确目标，打造自己的财富生态系统

时间是一种最宝贵的不可再生资源。一个人的时间被投放在哪里，他的收获就会出现在哪里。所以，每一个期望创造财富人生的人，都请把自己的更多时间放在认知升级与持续践行上，让自己的财富生态系统得以正向循环起来。

1. 把更多的时间放在知、转、行上

每个人使用时间的方式，直接决定了是否能实现成功的经济目标。这也是富翁与普通的财富持有者的之间差距日趋加大的原因所在。

有研究者发现，那些善于把收入转化为财富的富翁，会花更多的时间阅读，尤其是阅读商业文章；而普通的财富持有者则要时刻保持工作状态，而很少有时间去做生活计划或理财规划、阅读习得新知。托马斯·J.斯坦利曾在其著作《财富自由》中呈现了二者每个月在特定活动上表现的时间差别。

首先，在投资管理方面，百万富翁投资者舍得花时间去积累相关

专业知识。他们平均每月花费 10.5 小时，来研究和规划未来投资。在研究和规划未来投资的时间方面，极具财富积累者与欠财富积累者也有明显差异：具体来说，极具财富积累者每月花费 11.34 小时，而欠财富积累者每月只花费 8.7 小时。无论投资资金去向何处，他们都会花时间去研究投资以及投资的方式。即使最后他们的钱还是投资到他们自己的业务里。

其次，从长远来看，那些一碰到新颖、有价值的信息，就着急采取行动、不三思而行的人，往往表现得很糟糕。百万富翁投资者确实在管理他们的投资方向，采取了一些行动。

再如，行动的关键在于行动者是在深思熟虑后，谨慎地做出该行动，还是轻率地做出该行动（包括行动偏见）。正确的财务决策融合了知识（包括金融知识）、未来定位以及能在瞬息万变的环境保持冷静的个性。所以当我们具备做出正确决策所需的知识，以及拥有处变不惊的心态时，我们就能够做出更好的决策。不管是在实验室，还是在现实的投资领域，这些因素都已被证实。

据统计，不同的财富持有者在投资周期和时长上表现出很大的区别，如表 2-1 所示。

表2-1　不同的财富持有者在投资周期和时长上的区别

在购买股票或基金之后通常持有多长时间	投资者的比例（%）		
	百万富翁	极具财富积累者	欠财富持有者
数天到数月	6.3	6.0	9.4
1~2年	16.3	17.0	16.1

续表

在购买股票或基金之后通常持有多长时间	投资者的比例（%）		
	百万富翁	极具财富积累者	欠财富持有者
3~5年	30.7	30.6	30.2
6~10年	18.5	19.4	11.4
超过10年	28.2	26.1	32.9

不同财富持有者在投资行为表现与行为时长上表现出的这种差别，从本质上来说更是认知的差别体现。而这种认知与行为的差异化也造成了其所持有财富量的差异化。所以，在打造财富生态系统之前，我们需要确定自己未来的财富目标，而后持续运作自己的财富生态系统。

2. 让个人的知、转、行保持循环状态

个人的财富生态系统应有两个基本特征：一是主体的知、转、行处于正循环状态；二是个人财富表现为收支平衡、持续增长、复利效应三段阶梯状态，这也是个人财富管理的三重境界。

对知、转、行的循环控制，事实上是一个实现知行合一的过程，同时也是创造天时地利人和的过程。为了更好地促进这个循环的良性推进，我们可以自主构筑一个生态圈，在线上线下、圈里圈外之间实现有效的知、转、行链接与互通；或者借助现有的财富生态圈中的诸多内在元素，来系统丰富自己的认知，扩充并优化人力资产，有效践行与总结，进而在此平台上实现三者的正向循环，持续提升个体的财富力，同时亦可由此打造出强大的个人品牌和财富 IP。

很多财富管理机构也在尝试以个体财富力提升为主题，来设计和

开展业务，利用金融科技，打造高效、集约、智能的"智慧支撑体系"，赋能客户、赋能运营、赋能管控，帮助个体有效提升财富管理能力。比如，一些机构会通过基金管理培训营、基金托管服务，来帮助客户获得和提升财富管理能力或帮助他们解决财富管理难题。

3. 冲击个人财富生态系统的三重境界

从本质上来说，优秀的个人财富生态系统运作过程会呈现出三个特征：一是收支平衡；二是推动个体财富的持续稳定增长；三是成功打造复利效果。这也构成了打造个人财富系统的三重境界。

实现收支平衡是财富管理的基本目标，也是财富管理的第一重境界。一方面，要保持稳定的收益流入，另一方面，要控制纯消费的额度，去除不必要的支出，聪明的财富管理者会让消费成为财富再增长的途径。关于这一点的实践，将在本书第三、第四章中具体阐述。

实现财富的持续、稳定增长是财富管理的第二重境界。我们要学会拓展创造财富的管道，让自己的收入持续增长。同时，要把目光放长远，聚焦大趋势走向，做好长期投资，不为短期盈亏所左右，对持续赢利保持足够的耐心。关于这一点的实践，将在本书第五、第六章中具体阐述。

让已有的财富实现复利的效应是财富管理的第三重境界。爱因斯坦曾说过一句话："复利堪称是世界第八大奇迹，它的威力甚至超过了原子弹。"复利就是钱生钱、利滚利、滚雪球，这是一种极为美好的财富状态。复利的力量可以用"七二"法则来描述。简单地说，如果能够实现 7.2% 的投资回报率，那么我们可以让自己的资产在十年内翻一倍。在实现复利的过程中，除了投资之外，还有一种特别的实践方法，就是创造税后收入。关于这两方面的实践，将在本书第七、第八章中具体阐述。

关于财富的这三重境界，也构成了后文的基本架构。在后文中，我们将系统阐述成功的财富管理者在这些方面的探索、认知和思维模式，共同探讨更优秀的财富管理实践模式。

第三章
保持稳定的现金流，夯实财富之基

要想财富有增长，必须先养一只会下金蛋的"鹅"，然后让这只"鹅"不断地下金蛋。这只鹅其实就是本金，而金蛋则是本金带来的收益。也是说，我们必须创造长期而稳定的现金流，维持企业、机构经营以及个体生活的正常进行，从而为财富投资提供原始资金，这是创造更多财富的基础。

第一节　以稳定的现金流，刺激经济环境活性

据不完全统计，中国每年约有 100 万家企业倒闭，平均每分钟就有 2 家企业倒闭。8000 多万中小企业，平均生命周期只有 2.9 年，存活 5 年以上的不到 7%，10 年以上的不到 2%。换言之，中国超过 98% 的中小企业成立十年内都会走向死亡。

事实上，不仅企业生命周期较为短暂，那些能做强做大的企业更是屈指可数、寥寥无几，诸多中小企业更是陷入了"第一年创立、第二年赚钱、第三年倒闭"的恶性循环状态。诸如税费成本、人工成本、地租成本、物流成本，等等，都是需要企业在现实中切实承担的成本支出。而一旦企业的现金流发生断裂，那么这些企业将不可抗拒地迎接破产或倒闭的命运。据不完全统计，仅在 2020 年第一季度里就有 46 万家中国公司宣布破产或倒闭。

当然，现金流不仅是企业的命，也是个人的命。当个体的现金流不稳定，青黄不接时，其个体生活和家庭生活也会遭遇生存问题。所以，要想好好生活或度过危机时期，那么就必须确保现金流的稳定。

1. 推动现金流，让经济环境焕发生机

现金流是什么？根据百度百科的定义，现金流一般指现金流量。现金流量出处是现代理财学，是指投资项目在其整个生命期内所发生的现金流出和现金流入的全部资金收付数量。现金流量是评价投资方案经济效益的必备资料。

为什么一定要有现金流？现金流又是怎样发挥作用的呢？我们用一个简单的故事来理解。

一位游客在旅途中路过一个小镇。他走进了一家旅馆，为旅店老板支付了 1000 元现金作为定金，然后给自己选了一个房间。在游客上楼以后，旅店老板迅速将 1000 元给了肉店老板，结算了这个月的肉钱；而肉店老板拿到肉钱后，去结算了之前在养猪场的欠款；养猪场老板去结算了之前欠着的饲料钱；饲料店老板去还清了赌债；赌徒则去旅馆，还清了房钱……就这样，这 1000 元又回到旅店老板的手里。过了一会儿，游客下楼说"不太喜欢这个房间"，取走了之前交付的 1000 元定金。而此时，这个小镇上的债务都还清了。

在这个故事中，没有人吃了亏。但是，如果没有这 1000 元现金，那么所有人都处于欠债追偿的状态；但是，只是有这 1000 元现金进行了流动，全镇的债务都解决了。这就是现金流动促进经济社会焕发

生机的基本模式。

2. 重视现金流动，有效延续企业生命

有人说："现金流比净利润重要得多，有净利润的企业可能会死掉倒闭，但有现金流的企业不会死。"这里描述的便是现金流的重要性。

"现金流"是指企业里的现金要像流水那样进进出出。而流水必须持续不断，且进来的多、出去的少，只有这样的企业才算是健康的企业。

比如初创企业，如果其没有产生销售收入、形成现金流之前，企业必须准备好足够充足的资金来养活团队、维持运作。如果自备资金撑不到那一天，那么经营者要预估现金流可能在哪一天出现中断，并在那一天到来之前找新的投资者，让投资款流进企业的账上，才能保持这家企业的持续经营。一般来说，企业的现金储备不能少于 6 个月，因为完成一轮融资至少需要用时 6 个月。

一句话，"现金流"是企业的主命脉。近年来，市场不甚景气。企业要想在这样的逆境中继续生存下来，其难度是不容小觑的。

一些刚刚入行的小型企业，原本就存在资金不足的问题。而为了生存，它们往往选择低价竞争，在货物发出去以后，账款却被客户长期拖欠。但是，企业经营所需的房租成本早已支出，而员工薪资及各项固定费用也是无法拖欠的。所以，企业可能在接受了几个资金流动不良的业务合同之后，就得面临倒闭的风险。这也意味着，无论这家

企业的创意设计多么好、成员多么优秀，但只要出现了现金流断裂问题，那么这家企业往往生机渺茫。

企业经营者必须清楚企业内部现金流的实际情况，未雨绸缪地考虑现金流持续问题，竭尽所能地盘活现金流，从而为企业生存创造更大的可能性。

3. 创新交易模式，盘活低成本的现金流

随着全球经济增长的全面放缓、进出口外贸市场急剧萎缩、同质化竞争导致商品过剩和闲置，企业的采购成本和经营成本却居高不下、利润空间越来越稀薄，所以，现金流问题变得越来越严峻。

为了盘活现金流，部分企业开始探索以本企业的产品或服务，去置换其他企业的产品或服务。比如酒店里每天的空置客房、饭店里每餐时间的剩余餐台、健身馆里每日的闲置器械、营运车辆每班中的空置座位、电影院里的空余座位等，这些闲置不仅没有获得利润，还在持续消耗着租金、人工、水电、设备等成本。如果企业能够把这些闲置资产、服务项目整合起来，与其他企业进行易货操作，那么便可以盘活企业的资产，最大化地处理掉库存，甚至还能帮助企业解除债务压力。

焕呗易货采取的易货模式就是：把企业的闲置产品、服务项目都聚集在一个商业货池中，并从商业货池中寻求所需要的产品、原材料、需要的服务等，这样可以使库存的货物、闲置的资产、剩余的服

务都变成"有用"的资产，进而创造有效的价值。

这种"以物易物"的方式如今已经日趋流行，而且通过"以物易物"的方式，既帮助企业实现了资金周转，又实现了人脉拓展，可以在很大程度上解决中小企业发展中的现金流问题。

对于企业，健康的现金流是企业经营最重要的方面，甚至比利润来得更为重要。所以，投资者和经营者们不妨探索更多创新模式，去创造低成本的现金流。

第二节　实现收支平衡，优化营收管控效果

创立企业、做生意，总是存在一定的风险的。像人们常说的那样，"先投钱再赚钱"。这话说得没错。在本节中，我们将介绍一种方法来控制营收风险，这就是收支平衡分析。通过收支平衡分析，我们可以更清楚地认识到自己应该怎么做才能达到收支平衡并收回初始投资。

1. 实现收支平衡，保持优质盈利

实现收支平衡是财富升级的基础。在收支大致平衡的基础上，我们才有条件去创造一定程度的盈余。无论是何种类型的主体——企

业、机构、家庭或个人，都应努力实现自己的收支平衡——使自己的现金流量表上的结余是盈余，而不是赤字。赤字意味着"寅吃卯粮"，而盈余意味着财务资源管理方面表现较为理想，无需动用原有资产或借贷资金去维持运作或生活。

一般而言，收支平衡可使用其盈余部分用作其他消费，收支平衡之后，我们可以进行新的储蓄、理财或其他投资，从而实现净资产的增加。不过，收支平衡仍然需要考虑日常经营和生活的需要，不能过分挤压基本成本支出和日常消费。如果过度追求盈余，往往会牺牲本应享受的生活条件。所以，找到收支平衡点是非常重要的。为确保有适度的盈余，明确收支平衡才是理想的做法。

2. 找准收支平衡点，调整营收过程

通过收支平衡分析，便可以判断收支平衡点。

收支平衡点 = 固定成本 /（平均价格−变动成本）

简单点说，我们需要计算出每卖出一样商品，用固定成本除以销售该商品赚到的净利润。通过这个公式，我们可以看出自己需要售出多少件商品之后才能真正实现盈利。

从功能角度来说，找到收支平衡点，可以帮助我们弄清楚自己需要提供多少产品或服务，才能抵销掉固定成本支出。而后，才能谈得上创造利润。一般来说，什么时候需要考虑进行收支平衡分析呢？我们可以看下表 3–1。

表3-1 收支平衡分析的应用场景

场景	具体描述
开始一个新的生意	如果我们在考虑开始一门新的生意，那么必须做好收支平衡分析。这不仅仅是因为它可以帮助我们判断这门生意是不是靠谱的，而且，最终分析结果还会督促我们去研究各类需要支付的成本，并慎重考量自己的商品定价策略
投放一个新产品	如果我们已经开始经营一门生意，开始投放新商品上市了，那么此时，我们也需要做收支平衡分析，特别是在这个项目需要很大的投入的时候。即使我们的固定成本，比如办公室租赁费用不变，但是我们需要考虑新商品是否会带来变动成本的变化，以及销售之前采取怎样的定价策略
增加一个新的销售渠道	在增加销售渠道的时候，商品定价或许不会变，但是我们的成本肯定会变化。比如，如果我们已经选择在一个平台上进行线上销售，现在考虑考虑是否需要或可以扩张到另一个平台上，这时就需要确认在新平台上的收支平衡情况，以免造成对其他生意的影响。比如说，如果我们在新的平台上销售，那么是否考虑做一个特别的线上广告。如果我们做了这个决策，则需要考虑将这部分费用纳入收支平衡分析中
改变商业模式	如果我们正在规划改变现有商业模式，比如，从企业或工厂直接发货，改为由自由仓库进行存储。那么，我们也需要进行收支平衡分析。这个改变可能使企业的经营成本大幅增加，而收支平衡分析可以帮我们确认商品的价格是否改变，以及改变到什么程度

　　一般来说，我们确定了固定成本、变动成本和平均售价之后，即可计算出达到收支平衡所需的商品数量。表 3-2 是某企业提供的数据，从中可以看出其收支平衡点是 92.5 个商品。

表3-2　收支平衡分析

固定成本	平均价值	变动成本	毛利	收支平衡商品数
1850元	75元	55元	20元	92.5
固定成本	金额		变动成本	每个商品金额
仓库费用	1500元		批发进价	30元
保险费用	100元		手续费	20元
会计费用	250元		包装费	5元
总金额	1850元		总金额	55元

从表3-2中，我们可以看出其收支平衡点是92.5个商品。那么，如果我们在做完收支平衡分析后发现：为了实现收支平衡，需要销售的商品数量太高了，这又该怎么办？此时，我们便可以采取一些调整措施，以此来降低收支平衡点。

（1）调低固定成本

我们可以针对目前的状况和目标需求，确认是否可以调低固定成本。成本调整得越低，那么企业需要销售出去的商品数量就会越少。举个例子，假如我们计划开立一家零售超市，但是在进行收支平衡分析时发现，超市需要销售的商品数量太高了。此时，我们就可以考虑是否选择在线销售这些商品，而不是选择实体店销售呢？或者选择其他方式，从而降低固定成本。

（2）提高商品售价

如果我们要提高商品售价，那么，为了达到收支平衡而需要销售的商品数量就会减少，毛利率会有所提高。不过，在考虑提高销售价格时，也需要平衡目标客户的消费水平和他们对商品或服务的期待——客人之所以愿意支付更多的钱，其目的是获得更好的商品或服务。

（3）调低变动成本

调低变动成本，这个做法通常比较困难，特别是我们刚进入一个行业，或企业初创的时候。但是随着企业的稳定经营和体量的扩大，这种调整的操作难度会降低一些。这时，我们可以尝试与供应商一起协调，尽可能地调低变动成本，或者采取流程优化、包装优化等方式，来降低变动成本。比如，对包装材质和等级进行区分，就可以在一定成程度上降低变动成本。

3. 优化账款管控，保障现金流最大化

应收账款是指企业因销售商品、劳务输出等营业活动而形成的债权。对企业来说，应收账款是用来改善现金流的各种措施中的最具挑战性的一种措施。

大部分企业都无法控制客户的付款行为。如果企业对应收账款管理得太宽松，那么会直接影响企业的资金运作——最糟糕的结果莫过于导致应收账款不能收回，使企业中出现大量呆账、死账。如果企业对应收账款管控太过严格，又会导致一些企业经营走向极端化状态，出现"不给钱不发货、紧缩供货"等现象，从而影响了企业的销售业绩，造成部分客户因支付问题而流失。

因此，保障应收账款的安全性，尽可能多地增加现金流入，抵御意外风暴，优化应收账款并限制坏账损失，这就变得至关重要。以下

几种应收账款管理方式可以帮助企业建立财务弹性，值得我们深度探索和应用实践。

（1）信度分层管理

做好客户信度分析，据之进行客户等级分类，为不同信度的客户提供恰当的应收账款周期，减少坏账的可能性。

（2）互帮互助

在能力范围之内，为客户提供短期的帮扶举措，以换取后者的及时付款。当然，也有部分单位或企业会为客户提供定期帮扶，提高客户端的实力，这实际上是一种面向长远的生态合作模式，更有利于实现多方的长远发展和财务稳定。

（3）协商付款

与客户一起制定付款计划，并接受当日可以收取的款项。一位极具诚意的合作伙伴会表现出足够的诚意来。而对于实实在在想赖账的客户，则可以采取必要的法律手段或其他智慧手段，以维护本企业的合法权益。

对于个人来说，确保自己的账款能够按期入账也是非常必要的。个人的收入最常见的是工资。个人工资收入的稳定性，通常有赖于单位、企业或机构等的应收账款的稳定性和薪资发放的可靠性。近年来，很多人为了确保个人总体收入的相对稳定，还会开拓第二赛道——另搞一份或多份副业。这也是推进现金流最大化、优化入账量的较好举措。

第三节　控制不当的经济支出，规避投资经营陷阱

为了保障企业的现金流，控制经济支出，实现成本支出最低化，很多企业经营者、投资者可谓绞尽了脑汁。但是，仍然出现了一些不当的经济支出操作。这里我们就来聊一聊几种常见的认知误区。

1. 量产未必经济，避免海量囤货的灾难

成本管理领域中存在着这样一种观点："量产更为经济。"很多企业管理者将这种观点视为一种业界常识，他们认为：在现有资产、设备和人员的正常运作下，如果企业生产商品的数量越多，那么单位时间内的商品输出成本就越低，企业所获得的利润值自然越高。那么，事实真的是这样么？

非也。在现实中，真正能够通过增产来降低成本的案例非常少，通过增产而使得成本更高的案例却非常多。所谓"量产经济论"的实现建立在一定的前提条件下；如果没有这样的条件，那么量产经济不过就是一种错觉。

一般而言，一家企业的生产能力在一定周期内是相对稳定的。一

台机器生产多少数量的产品最为经济，这个数值通常已是固定的。比如，一台大型冲压设备每小时打 800 个孔成本最低；那么，让它打 1500 个孔，就会造成浪费。

而对于一个原本能够产出 1000 个产品的设备，如果因订单量较低而只安排这台设备生产 500 个产品，那么这台设备的生产成本也很高。

因此，对于企业而言，在生产能力达到饱和状态之前，要尽可能地增产，即便仅仅增产一个产品也会降低成本；而如果企业生产已经超过其基本生产能力，却仍然一意孤行地增加生产计划，那么其成本支出反而会大幅增加。

我们假设某家企业的厂房里有 100 台设备。100 台设备的企业单位成本在低于 25 台设备的企业的单位成本，且处于最佳运营水平时，如此才能显现出量产的经济性。但是，如果企业有 150 台设备，则会导致更高的平均单位成本，显示出量产的不经济性；而拥有 100 台设备的企业会比拥有 50 台设备的企业获得更大的规模经济性，因为其建筑物成本和设备成本不到后者的两倍。

不过，企业的最佳产能并不都是 100 台设备。实际上，最佳的产能衡量取决于客户需求。如果客户需求较小，可能选择 50 台设备会比选择 100 台设备的成本低一些。但如果成本结构相同而客户需求较大，那么选择两家有 100 台设备的企业，会比选择一家 200 台设备的企业的量产效率更高、成本更低，如图 3-1 所示。

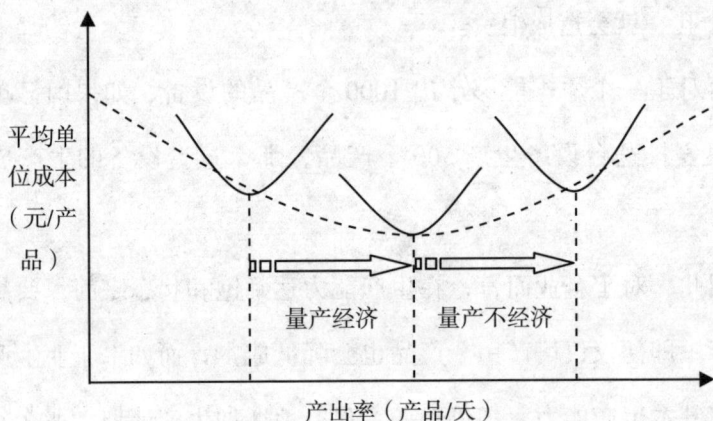

图3-1　量产经济与量产不经济示意图

所以，企业选择量产，未必一定能够降低成本费用。是否能够降低成本支出，这要根据客户需求、企业当前产能和实际盈利率来确定，在达到一定限度后即需适可而止。基于这一逻辑而实施的量产操作，才是真正经济的、可以降低成本的管理方法。

2. 建立经济库存状态，应对缺货风险

很多追求现金流控制的企业，都会学习丰田公司的零库存管理模式，认为库存完全是一种无效率的资本占用。为此，最大限度地压低成本支出，消除这种"无效率的资本占用"便成了这些企业的当务之急。但是在现实中，绝对的"零库存"是难以实现的——部分企业仅仅是达到外观上的"零库存"状态。这种认知误区给企业的经营埋下了极大的风险和隐患。

（1）误区：把原材料转化为半成品

一位企业经营者曾非常得意地向投资商炫耀："我们压根没有库存。"他满以为会获得投资商的赞赏——库存减少，就相当于减量经营啊！然而，当投资商参观过该企业后却惊讶地发现：原来这家企业是将所有原材料都处理成半成品制造状态，半成品数量非常大。也就是说，这家企业的在制品和库存总量仍然占用了很大的成本。

原材料是企业库存管理中必须确保的部分。通常情况下，仓库会被设置在生产车间的附近，以便生产部门快速取用。而如果在整个库存中被减少的那部分全都是原材料，那么企业的后续生产仍然会频繁爆出问题。而如果像前面这位经营者这样把原材料都加工成了半成品再行囤积，又会降低生产的机动灵活性。这种经济支出和经营方式都是不建议的。

（2）误区：在供应商处建立库存

一些企业为了压缩自己的库存成本又避免影响及时供货，会借助自己的强势地位，要求供应商为自己建立一处库存。

中国汽车行业曾经推行过一场"零库存"的管理革新，但是，在实际施行过程中却流于形式主义，没有从根本上实现所谓的"零库存"管理。多年前，一家电视台曾做了这样一期节目，内容是关于中国重汽集团如何通过零库存管理来提高企业效益。然而，当时中国重汽的零库存管理仅仅是把原来的仓库出租给自己的零部件配套厂商，给自己创造一点租金收益而已。

从整条产业链来看，仍然存在着超大的库存量，只是部分企业将自己的赢利建立在供应商的成本支出与经营风险之上。而当供应商无力承担这个经济压力时，那么势必会退出这场博弈。

此时，我们再来假设：如果汽车 4S 店内经常告知客户"没有配件，要等生产零部件的企业安排生产之后才可以提供维修服务"，那么，相信这家汽车制造企业不久之后就会陷于真正的"不需要库存"的境地——没有客户愿意继续等，没有新客户，企业自然也就不用再开工了。

如果我们希望企业实现良好的后续经营和长期发展，那么企业就不宜让自己处于绝对的"零库存"状态；只有在允许的条件下，努力建立合理、规范的库存状态才是正确的投资控制方法。

3. 重视机会成本，消除不恰当的投资方式

关于机会成本，很多经济学家都曾作出了解释。美国经济学家保罗·萨缪尔森在其《经济学》著作中，曾用热狗公司的案例来阐释这个概念。

热狗公司的所有者每周为之投入 60 小时，但不领取工资，到年末结算时，该公司获得了 22000 美元的利润额。但是，如果他们能够找到其他工作，那么他们每年可以获得的收入也许达到 45000 美元。

此时，他们从事热狗工作就会产生一种机会成本，也就是说，由于他们从事了热狗工作，最终导致自己失去了其他的获利机会。换句话说，如果实际盈利 22000 美元减去失去的 45000 美元机会收益，那他们实际上处于亏损状态。亏损额＝ 45000 － 22000 ＝ 23000（美元）。

对于普通人来说也存在机会成本的问题。著名投资人杨天南曾分享过这样一个真实的故事。

8 年前，一位 28 岁的青岛小伙儿移民加拿大。在他刚刚移民至加拿大时，他曾经用 5 万加元购买了一辆摩托车，后来他转手卖出，当时卖了 3 万元。在 8 年里，他在当地餐厅担任服务员工作，每月薪水 3000 加元，消费支出 3000 加元，其中租房支出大约为 300 加元。虽然他每个月收入还算不错，但也没有资产积蓄，一收一出基本持平了。再说 8 年前的 5 万加元呢，当时可以作为一栋 25 万加元公寓的首付，而他的房租可以转为房贷的一部分。在这几年，房子可以升值到 75 万加元，而不必像如今这样继续租房。这笔房子收益实际上就是他 8 年前购买摩托车的机会成本。

在现实生活中，很多人经常忽略机会成本以及机会成本给自己带来的巨大影响。而这样错误的消费决策，往往会让一个人或一家企业错失了稳定的财务基础和投资未来。那么，如何准确把握机会成本呢？关于机会成本，我们必须考虑清楚一个问题：是否还有其他机会？

很多创业者或企业经营者在发现某一项目时，往往会想方设法去论证该项目的可行性。这种"论证"往往是为了论证自身决策的"有理有据"，会偏离论证可行性的目的。于是，在不知不觉中就忽视了考虑是否存在其他机会。只考虑某一种项目，而对其他机会视而不见。

当企业在进行项目选择时，要尽可能对多个项目进行分析和论证。通过比较各项目之间的收益和风险，最后作出选择。此外，在对项目进行分析和论证时，需要从战略和财务各个方面来进行，切忌对未来发展与收益过于乐观估计，而对可能出现的损失一笔带过或者轻描淡写。只有在战略方面符合发展要求、财务方面又能平衡收益和风险、符合企业或投资者偏好的项目，才能成为企业或投资者的最终选择对象。

关于机会成本，人们最容易犯的错误就是除了眼下这个项目或选择，看不到其他项目或选择，如此导致缺少系统论证的参照物。这是我们在投资乃至日常工作、生活过程中都应该注意到的问题。

4.两害相权取其轻，慎重考虑沉没成本

为了保障现金流的安全，在出现亏损时或未来趋势不乐观时，我们要慎重考虑沉没成本。关于沉没成本，经济学家斯蒂格利茨进行了很生动的解释。

"如果一项开支已经付出并且不管作出何种选择都不能收回，一个理性的人就会忽略它。这类支出称为沉没成本（sunk cost）。"他还进一步举例说，"假设现在你已经花7美元买了电影票，你对这场电影是否值7美元表示怀疑。看了半小时后，你的最坏的怀疑应验了：这电影简直是场灾难。你应该离开电影院吗？在做这一决策时，你应该忽视这7美元。这7美元是沉没成本，不管是去是留，这钱你都已经花了。"

这位经济学家说的是非常生活化的例子。对于企业经营投资来说，沉没成本是普遍存在的。比如，策划或者决策失误、前期准备工作不足而在执行中不得不中断、精心计划但执行偏离轨道、执行中出现问题而未及时调整、危机处理不当致使情况恶化，等等。这些情况都可能让企业经营者或投资者掉入沉没成本的抉择陷阱。

一位投资者曾和我提及自己正面临一个困境：两年前，他投资了一家物流公司，而该物流公司当前经营方面出现难题。如果此时继续进行合作，那么他就需要投入更多资金，但风险增大；如果就此终止并撤出投资的话，那么前期的投入就打水漂了。

在两年间，投资者先后向物流公司投入了一千多万元。如果考虑这笔沉没成本，企业作出继续投入决策的可能性几乎百分之百。但是，继续投入而面临更大的风险，这一点对于企业来说是不利的。换句话说，继续投入有可能意味着一错再错，损失更多的投资。

这实际上属于前面讲的"精心计划但执行偏离轨道"的情形。投资者是增加投入保持合作，还是终止合作撤出投资？这个决策过程中的重点便是对沉没成本的考量。对沉没成本的考虑不当，会导致企业的损失越来越大。

在实践中，我们需要考虑"两害相权取其轻"，避免出现更大的损失。如果已经确认了投资失误，那么就要调整不甘心的心态，避免"将错就错"，这才是投资者和企业经营者需要面临的真正考验。

第四节　系统评估财富风险，提升现金流的稳定性

管理会计是一个企业经营中的重要方面，其中，通过财务预算、费用控制更是可以看出企业的未来命运走向。所以，对于规范的企业来说，做好财务预算，把握现金流的相对稳定，这是一件非常值得重视的事情。

1.规范财务评估过程，尽早识别财务风险

有效地评估风险、识别风险，有助于企业破除障碍，减少损失，最大化地控制风险。在评估财务风险时，我们可以借助以下过程和方

法，来确认企业的营运资金是否存在潜在问题。

一是组建核心财务风险管理团队，确认管理企业的资产流动性风险。这个团队的组建由首席财务官担任团队负责人，由信贷、法律、业务部门和财务分析师共同参与而成。

二是反复进行流动性风险的快速评估。在评估过程中，核心财务风险管理团队可以通过内外部数据，对于直接影响企业收入和成本的各种变量，使用严格的分析方法来计算其输入值，力求实现准确而快速的评估。

三是在每个业务场景下，同时进行财务压力测试和风险评估。经常对公司的资本需求进行压力测试，有助于核心财务风险管理团队准确了解企业资金流动的实际情况，测试企业在特殊情境下的承受力和应变力。

四是寻找解决现金流量风险的方法。核心财务风险管理团队可以基于替代业务场景，进行风险评估和财务压力测试，设计有效方案，降低现金流量风险出现的可能性。

2. 借助现金实力，超越经济变动影响

在市场竞争日趋激烈的当下，如果一家企业的现金流非常充裕，这说明该企业在对外扩张中仍然可以依靠自身的正常经营而实现资金良性运转和自我造血功能。

"日本经营之圣"稻盛和夫曾表示，企业经营者必须时时处处小心谨慎，保持"如履薄冰、如临深渊"的心境。它将这一点归为京瓷公司长盛不衰的"经营的要谛"。

　　京瓷公司在最初创业期，是靠朋友的贷款来维持经营的，这给稻盛和夫造成了非常大的心理压力。他发誓：此后不再增加贷款，并将偿还贷款作为京瓷公司经营的第一要务。在这种慎重经营的态度下，稻盛和夫以"销售额最大、经费最小"为目标，将利润率提高到了40%，使京瓷公司成为日本极具代表性的高收益企业。同时，他将获得的经营利润作为企业内部留成，不断地积累，后来使京瓷公司成为了日本财务体质宽裕的无贷款企业。这样一来，纵使企业账务因经济不景气而转为赤字状态，但是却可以确保企业不需要通过银行借款或解雇员工去维持企业经营。

　　针对稻盛和夫这一"慎重坚实的经营方针"，近年来不少投资者和创业者提出了异议——他们看重 ROE（股东资本利润率），认为"ROE 高的企业就是好企业"。还有些企业为了抢占更大的市场份额，而陆续从产品制造、营销渠道拓展、品牌影响力提升等方面多箭齐发。但是，如果企业一味追求企业体量的扩大，那么它的资金会处于紧张状态；而如果企业不留足备用资金，一旦出现大危机，那么企业很快就会土崩瓦解。

　　稻盛和夫还指出，诸如经营、投资、筹资活动均会为企业创造现金流量净额。而如果一家企业能够不依靠持续的资金投入和外债支援，而仅凭日常经营产生的现金便能维持企业的生存和持续发展，且实现连年增长，那么这家企业在价值创造、风险控制上便形成了突出的优势。

因此，企业应该保障现金流，即便是要扩大规模，也要留足备用资金，从而超越经济变动，引导企业走向长期繁荣。这也是很多百年企业能够克服多次经济变动、得以顺利发展到今天的根本原因。

3. 多渠道布局，保持相对稳定的投资与收入

收入的稳定获取是从降低风险系数开始的，这被视为投资方面的基本战略。

（1）选择不同地域的业务进行投资

为了获得相对稳定的投资，企业还可以采取分别对不同地域的同一业务进行投资布局的战略。因为，在不同的时期，那些表现好、盈利增长快的地区可以对那些表现相对较差、盈利增长缓慢甚至呈负增长的地区有所支持，使企业的整体业务盈利得以维持，保持整体正增长。

以"和记黄埔"的货柜码头业务为例。"和记黄埔"一直将货柜码头业务作为其重头业务。自20世纪90年代初，这项业务开始向海外扩展；1991年，"和黄"收购了英国港口菲力斯杜港。随后，"和记黄埔"逐步将其货柜码头业务扩展至全球不同的策略性地理位置，覆盖着包括中国内地、东南亚、中东、非洲、欧洲和美洲等诸多国家与地区，多年来维持着相对稳定的收入增长。

　　"和记黄埔"的货柜码头业务的总收入之所以能保持稳定的增长，其主要原因在于其港口业务分散在不同地区。无论集团在不同时期面临的是怎样的经济大环境，各港口所受到的影响程度都不尽相同，故而最终便可以维持业务的总体平衡和稳定增长。

　　（2）选择回报期不同的业务进行投资

　　不同的业务类型有着不同的投资回报期，在感知当前经济状况时也会呈现出相对差异化的敏感度。一般而言，投资回报期较短的业务，对当前的经济状况的敏感度相对高一些。这类业务有一个明显的好处，就是在经济状况较好的时候，企业可以抓住时机，从而获得非常丰厚的利润，而且期间的现金流量也是比较连续的。像零售类业务和酒店类业务都是这类业务的典型。

　　而投资回报期较长的业务，则对当前的经济状况的敏感度相对低一些，受到的影响较小。这些业务的优势在于可以获得相对稳定的收入，缺点是投入的资本较大。像基建类业务和电力类业务都是这类业务的典型。

　　概括地说，如果企业经营的业务中大部分都属于回报期较短的业务，那么企业的整体盈利波动幅度会相对较大。如果企业经营的业务中大部分都属于回报期较长的业务，那么企业的资金回流速度会相对较慢，而且容易因投入的资本量提高而面临资金周转不灵的风险。

所以，对于企业来说，最理想的业务布局，莫过于对不同回报期的业务进行组合，确保每段时间都产生足够的资金回流，以此资助长回报期业务，分散投资回报的周期风险。此外，通过收购稳定回报的业务，也可以最大程度上降低盈利波动幅度，从而达到平滑盈利、缓解因突发事件而出现财务或资金困难的情况。

（3）选择增资方式进行投资

近年来，很多企业采用增资的方式进行投资。这种投资模式背后的逻辑在于，资金始终在自己的体系里，更有助于保障现金流的平衡。

2003年，复星集团斥巨资收购"南钢股份"(600282)，这一轮操作体现出其操控现金流的高超技艺。简单来说，这次收购就相当于复星提供现金，南钢集团提供资产，双方一起成立一家合资公司，由复星来控股。然后，复星通过不断增资合资公司，持续收购"南钢股份"。

为了缓解出资压力，复星将出资过程分了两个步骤："先设立、后增资"。第一步，复星三家关联公司以现金出资6亿元，而南钢集团则以经营性资产作为出资（折合4亿元），共同成立了合资公司"南钢联合"。在第二步中，双方同比例增资，复星仍以现金增资，而南钢集团则以"南钢股份"股权进行增资操作。在这样的布局模式下，收购资金仍始终掌握在复星的体系里面。

这种做法也很适合个人投资。比如，小A决定购买股票或基金建仓时，可以采用先设定仓位线，投入部分资金建仓，然后根据情况进行持续定投、增资。这种方法特别适用于理财小白，可以在一定程度上规避一次性投入的风险。

（4）选择具有连续现金流的行业进行投资

前文中提到，零售和酒店等行业业务的现金流比较连续，也是一种非常好的投资策略选择。近年来，部分比较有实力的大企业开始布局流通业，其主要考量就是持续的现金流。

新希望集团是中国农业产业化国家级重点龙头企业，拥有中国最大的农牧产业集群。但是，为什么会进军流通业呢？新希望集团总裁刘永好曾这样说道，之所以考虑进军流通业，是因为考虑到"零售业能够产生连续的现金流"。

除了流通业之外，还有一些行业也会产生丰富的现金流量，比如旅游业。这类行业的盈利模式与任何行业是有所区别的：其他行业往往需要先垫资投入再从意向客户手中取得投资回报；而旅行社组织的国内外旅游业务则是"先收取旅游费用再安排旅游服务"。因资金停留而形成的时间差，可以为企业提供非常大的资金运作空间。

第四章

消费也能带来财富增长

从客观上讲，消费行为会形成账目上的支出项，会减少财富总量。为了避免财富总量的减少，一些人可能会选择控制消费。但是，过度减少消费支出，又会使人们产生精神匮乏感，导致幸福感缺失。所以，如何平衡消费、幸福感与财富池大小之间的关系？如何让消费行为反向促进财富增长呢？这些看似内在矛盾的问题，如今已经成为非常重要的财富管理议题。

第一节　消费、财富与幸福的正关联

近年来，流行着很多消费理念，鼓励人们"享受生活"，为"享受"而透支未来。诚然，"享受生活"是可以让人们获得一定的幸福感的；而选择信用消费的方式去享受生活，也无可厚非。事实上，有那么一批聪明的人还会通过选择信用消费而省钱。但是，也有一些思想不成熟的年轻人被那些过度的物质享受所诱惑，不惜选择借贷模式，最终因无力偿还而走上一条不归路。我们可以这样说，能够从消费行为中获得真正的幸福感，必须是建立在个体真实财富的基础上；透支来的幸福感，最终都是虚空一场。

1. 财富多寡影响着个人消费生活的自由

收入、财富与个人幸福之间的关系是显而易见的。家庭收入和财富是个人获得幸福感的必要元素。因为，收入与财富能够让人们满足自己的基本需求，追求那些对自己来说较为重要的目标，并在时间的推移过程中保障自己的需求可以被长期满足。

一般而言，人们会以三个指标来衡量一个家庭的收入与财富，如表4-1所示。

表 4-1　衡量收入与财富的指标

衡量指标	说明
家庭净调整后可支配收入	家庭净调整后的可支配收入集合了大量的市场和非市场资源的信息。家庭净调整后可支配收入可以这样计算：人口总收入（工作收入、自我创业、资本收益以及从其他部门获得的当前货币转移）与家庭从政府那里获得的实物社会转移（如教育和医疗服务等）相加，然后减去家庭支付的收入和财富所得税、社会保险缴款以及家庭消耗的资本货物的折旧
家庭净金融财富	根据国民经济核算的定义，净金融财富的总额是家庭各类资产（如黄金、货币和储蓄、股票、证券、贷款、保险准备金和家庭拥有的其他可获得或可支付的账项）扣除金融负债之后的净值。净金融财富对保护家庭抵御经济困难和外部冲击起到非常重要的作用
家庭最终消费	家庭最终消费体现了一个家庭已经实现了的物质条件，反映了一个家庭为满足全员日常需求而做出的全部购买支出情况。但是消费体现的是当前的物质财富，不一定能够反映出终身幸福的可能性

总体而言，收入和财富总额提高了个人消费的自由度，可以让人们有更多选择的自由——选择买或不买，选择买 A 还是买 B，这一点是毋庸置疑的。

当然，在我们日常生活中也有不少东西都是无法用金钱买到的。个人对物质财富的主观态度和评价偏好，也会影响到个体在消费过程中对自由和幸福的体验值。以下是一篇关于探讨财富与幸福感关联的文字摘抄。

幸福从哪里来？

——嘎玛仁波切

人的幸福感完全来源于心灵的充实，也就是说外在物质的多少，并不能带来真正的幸福感。伟大的释迦牟尼佛没有出家之前，身为王子有无上的权力和用不完的财富，享受不完的荣华富贵，但他的心却无比的没有归属感和安全感，在他的内心深处隐约的感知到，世间的福报，其实到头来都抵不过生、老、病、死来得更为现实。如此的警醒，使得他才会想要去寻找究竟解脱的方法，由此能让自己的心灵真正获得大自在与大欢喜。

人活着不能没有财富，这个财富，指的是你能用到的财富，比如车子、别墅等，你能享用到的，才是自己的福报。剩下额外多出来的部分，其实你也没有享用到，而且这部分越多，可能给你的压力就越大，快乐就越少，反而会增加自己的执着以此而产生无尽的烦恼和痛苦。

人类真正的幸福感的获取，是通过正确的信仰带来的。这个"信仰"，不单单是对佛的信仰，而是每个生命从灵魂层面的呼唤。因为人不能只为了衣食住行而活着，不能只想着吃什么、开什么车，住多大的房子等。人的灵魂不会因为物质很多而真正感到满足，我们的灵魂具有无限的创造力，它渴望通过自己的创造，让生命变得尊贵，活得更有价值和意义。

如何让生命更有价值和意义呢？首先，这绝不是通过无止尽地追求财富得到的，而是通过身心无私地对外付出得来的。当年的悉达多王子，为了众生能寻到究竟解脱之法，虽然失去了王位，失去了荣华富贵，但他得到的是最圆满的福德与智慧。释迦牟尼佛无私地传播自己伟大的精神力量，历经2500多年，依旧让人赞叹不已，这不是作一世国王，享用一生荣华权贵所能相比拟的。

有的人喜欢美食，四处寻找好吃的食物，你去餐厅大吃一顿到底能有多少满足呢？也就是吃好了，得到那几分钟短暂的高兴而已，明天的你还是会想吃想喝，为那短暂的几分钟付出各种代价。如果你从吃饭的钱中，拿出一点去帮助别人，你会感到自己存在的价值更大了，那种满足感，值得你回味享受很久。

在现实生活中，能够达到上述境界而获得幸福感，对于大多数人来说还存在一段距离。马斯洛的需求层次说认为人的需求是循序渐进的，当一个人的生存需求未得到满足时，其很难产生高层次需求。对于大多数普通人来说，通过消费自由、财富自由而获得幸福感，是一种更为普遍的现象。

2. 用合理的消费行为，创造个体幸福感

心理学研究表明，消费可以帮助人们获得阶段性幸福感。大多数情况下，人们消费得到的物品，往往是人们心里渴求的物质需求，所以，当人们获得自己心心念念的物品时，会自然而然地在一定程度上获得幸福感和满足感。特别是那些占据开支小份额的非必需开支，更会促使人们分泌更多的多巴胺，让人的神经系统感到兴奋，从而提升生活的幸福感。在生活中，人们80%的幸福感往往来自于这20%的非必需支出。

有人可能会说："我虽然有钱去消费，但是并不开心啊！""花钱

一时爽，还信用卡的时候就不开心了！"对于前者，如果消费无法给你带来幸福感，那么可以将幸福源点转到其他方面，不必强制自己在消费中寻求满足体验。而对于后者，当财富量不足以支撑消费需求，却偏要实施超额消费，如此带来的幸福感是很少量的，个体收获更多的是对消费透支的恐惧，甚至导致家庭资产处于不良循环状态。

那么，如何让自己在财富相对有限的前提下，收获更大的消费自由度和幸福感呢？如何平衡自己的消费与支出，提高消费性价比，持续拓展自己的财富池？如何让我们的日常消费行为反向推进财富总额的增长？这些将是本章着重讨论的问题。

第二节　判断需要与想要，平衡得与失

通常，在说到财富积累时，人们会自然而然地想到"节流"，竭尽所能地控制消费支出。但是，当心理需求被强硬压制而个体本身并不深度认同这种节制行为和背后的逻辑时，"节流"效果很差，个体的负面情绪能量也可能随之处于被压迫状态。在遇到某些购物活动时，个体很容易受到诱惑，由此产生更多的不当消费行为。所以，在内心中要明确自己的财富积累逻辑，建立自己的消费规则，这对我们的财富增长而言是非常重要的。

1. 从消费活动过程，审视消费内生动力与外生动力

消费者基于个体欲望和需求而产生消费的动力，这种消费动力为内生动力；而在外部因素影响下形成的消费行为，这种消费动力则为外生动力。

一般来说，消费者的内生动力在于消费者的个体收入、家庭财富和个人的预期目标。而外生动力则往往源于技术创新、服务升级、市场刺激、业态升级等方面。具体地说，产品或服务自身属性的改善、消费成本的降低、商品流通环节效率提高、服务水平的持续优化、消费方式的便捷，等等，都会对各种消费者的消费行为形成极大的促进和刺激。

我们可以通过每一年的"双11购物节"来观察消费者的群体表现，去了解内生动力与外生动力之间是如何互相影响的。

始于2009年11月11日的"双11购物节"，至今已有十余年历史，甚至已经被国人视为消费的一个风向标。这个购物节有着相对固定的发生日期，具备了约定俗成的形式，吸引了全国消费者乃至世界消费者一起参与其中。对于广大消费者来说，是一个非常重要的经济和社交活动场所。

在"双11"活动中，阿里巴巴旗下的所有业务都会全面集结联动，从衣食住行到吃喝玩乐，对各类生活场景实现全方位覆盖，线上业务和线下业务实时联动，零售生态圈被全面打通。从消费与服务本身上来讲，在活动正式开始前的半个月，各类渠道便已为"双11"活动启动了预热动作，公布当季的活动规则，帮助消费者更充分、全方位地"薅羊毛"；如今的线上线下业务的联动速度已经非常快速，常态的线上下单至收货确认的周期基本被控制在三天以内，网购赢得了很多消费者的好感；参与平台活动的很多商家直接打出"全年最低价"的口号，并接受平台的价格监督，再加上直播间的热闹气氛和叠加折扣优惠，这为崇尚消费性价比的消费者提供了充分的消费理由。

据统计，2020年11月1日到11日，仅天猫平台的累计成交量便达到4982亿元人民币。

很明显，当外部影响力度加大、消费的外生动力被强化的时候，内生动力也会被带动起来，消费群体主动参与经济活动的欲望被刺激，并在此阶段里大大提升。但是，对于追求财富增长的消费者来说，应该明确：自己那些在氛围中被带动的消费行为，是出于自己的现实需要，抑或仅仅是出于当时的一个冲动想法呢？

2. 区别想要和需要，保持消费的理性

在现代社会中，物质产品高度丰富，经济水平也有极大提升，人们的很多需求都是可以被及时满足的。而在外部环境的影响下，人们想要的东西越来越多。甚至有时候，人们根本分不清：我真正想要的东西是什么？自己真的需要它吗？

（1）需要的不多，想要的太多

面对某个事物，如何判断它到底是人们想要的，还是需要的呢？从本质上来说，"需要"则是一种"客观存在"，是生存所需，如阳光、空气、水分、食物、衣服、住所、交通工具、电脑、电话等，通常都属于需要的范畴之内。而"想要"是一个人的"主观愿望"，有时候可能并不是必需的。

举个例子来说，有一个人非常非常饿，他看到路边有一家饭店，想进去吃饭。这时，吃饭对于他来说，既是想要的，也是需要的。后来，这个人吃饱了，而你在一旁劝说他再吃一点。这时，吃饭对于他来说，既不想要，也不需要。

在自己的心里放一把尺子，我们才能清楚知道：什么是真正的需要？什么是贪求的想要？需要的东西应该要，想要的东西不重要。

我们应该建立"心灵环保"的概念，保护我们的心不受外部环境的影响，增强对环境的"免疫系统"；同时，避免自己的内心被妒忌、愤怒、猜忌、自私等种种不好的心念填满。我们要清楚地觉察到自己的起心动念，厘清"需要"和"想要"的分界线，清楚知道自己的"需要"，化解个人欲望的"想要"。

"想要"总是有很大的空间。比如，我们看到某个广告，看了一场直播，可能就会被卷入物质欲望的漩涡中，产生不同程度的消费欲望。而"我想要"的情绪一旦出现，就容易出现很多的冲动消费。有些人会在购物节时购入很多物品，打开快递包装之后，束之高阁，甚至数年都未使用过。这都是冲动消费的结果——当时觉得想要，但是实际上并不真的"需要"。

（2）即便是需要品，也要坚持不浪费

近年来，世界工业经济的发展、人口的剧增、人类欲望的无限上升和生产生活方式的无节制……许多生态问题已经开始给人类和地球生物的未来生存带来了极大的威胁。很多环保主义者因此频繁地用各类数据阐述环保的重要性。环保并非难事，也并不一定要做得多么形式化；有一个简单而直接的环保做法就是物尽其用。

对物的选择，应是为人所用，自由支配。如果过度追求物质需求，人反而成为了物的奴隶。所以，不去拥有不需要的东西，做到"物尽其用"，不去"为了消费而消费"，这种简朴的消费观念更值得推崇。

（3）保持自制力

自制力是保持消费理性的重点。在托马斯·J. 斯坦利《财富自由》一书中曾描述了一对非常具有自制力的夫妻——迈克和霍莉·韦尔斯，居住在佐治亚州亚特兰大的中上阶层郊区。他们对自身定位、职业生涯、养育子女、教育和生活都有着极其严谨的态度，这使他们在40岁出头就成了百万富翁——连妻子霍莉自己都表示不可思议："我从没想过会以这样的方式成为百万富翁。"

为了控制好预算目标，霍莉从不盲目追求任何最新的、最尖端的产品类型。她这样解释道："如果产品没有降价或清仓销售，我是不会去买它的。我拒绝支付零售价……买东西不能着急，要有耐心。我有儿有女，所以我通常都会去买黑色或中性的衣服，这样，衣服就可以在孩子身上循环利用。我们购买二手运动器具，也没必要去买新的，不是吗？我们从不攀比，我们不想超越任何人……但我们需要平衡孩子们的期望和需求。"

这种理性的消费模式贯穿着他们生活的方方面面。比如，他们拥有两辆老式轿车，房子看起来非常简朴，但却处在一个前景很好的公立学区；他们为教育金进行了规划，确保孩子进入大学时不需要背负巨额的助学贷款，等等。

这种自制力超强的家庭消费模式，使他们在 40 岁出头就成为百万富翁；即便在市场环境相对恶劣的情况下，仍能确保生活不会陷入失控状态。迈克说："2010 年，房地产市场崩溃了，这让我们的生活也陷入了水深火热。但是我们仍然在坚持自己的计划。过去我们一直在监控我们的资产负债表，现在我们不再反复检查。我在 2013 年换了工作，这样我就有了更多的自由，也更容易维持工作与生活之间的平衡。我之所以能够做出这样的改变，是因为我们的财务状况一直处于稳定的状态。"我们可以这样理解，长时间保持消费的自律状态，让自己和家庭的财务状况处于长期稳定状态，这是让财富稳步增长的基础，是打造百万富翁的机会之一。

3. 控制消费频率，实现财富量与幸福感的平衡

有时候，我们虽然明明知道自己是想要还是需要，但仍然想去消

费，这时该怎么办呢？如果强制自己降低消费额度，那么这个想法一冒出来就会让人觉得非常难受；甚至部分人在强制节流一段时间之后，出现报复性消费行为，这种情况不在少数。那么，是否有什么有效的方法，可以让我们自然而然地降低自己的消费额，又能降低被强迫感呢？

（1）减少消费的次数

我们先来讲个小故事吧。

有一对美国的小夫妻，他们俩每天都认认真真地工作，总体收入情况也很好，但是两人却总是存不下钱。于是，两人去寻求一位理财顾问的帮助。

在了解了夫妻俩的基本资料时，这位理财顾问发现：夫妻二人每天都会去星巴克，喝上一杯热咖啡。理财顾问和他们一起，算了一笔账：假如一杯咖啡20元，两个人每天就是40元。听起来，这笔钱似乎也不算多。那么，一年下来在咖啡方面的支出会是多少钱呢？是1.46万元。如果喝上20年呢？那就需要消费29.2万元。这个数值是不是有点让人震惊？在某些小城市可以买个小房子了、付个首付了，或者买辆不错的代步车。

这个故事被人们称为"摩卡效应"。这里讲述这个故事，是为了提醒大家：我们的生活中总有一些看起来很小的非必要开销，如果它们的发生频率非常高，那么在天长日久之下就会积累成一大笔支出。

对于时下的大多数人来说，直接砍掉所有的习惯或欲望，这是非常难受的——幸福感锐减。但是，我们可以找到那些经常花费的非必要开支，思考一下：我们是否能够拉长两次消费之间的时间，减少在单位时间内消费发生的次数或者降低单次消费的金额。比如，将每天一杯的星巴克咖啡，改为每周三杯，或者改用其他低价位咖啡代替；一年换一部手机，改为一年半或两年换一部。

事实上，即便是必须花费的开支，我们也可以做一些调整。比如，有人习惯每天去超市购物一次。然而，超市是一个很容易刺激消费的场所。有时候，我们可能只想去超市买一件小商品，但是在购物时发现超市在做促销活动——"那套商品实在太划算了！"于是，随手消费行为就会出现，消费额随之增加。所以，不妨将每天一次的超市购物，改为每隔三天、五天或一周一次。我们只是做一些微小的调整，而不会让自己的生活品质降低太多，但却可以因长期积累而省下不少开销。

（2）减少与消费品接触的机会

如果说减少消费的次数，其本质是拉长消费的周期。那么，减少与消费品接触的机会，则是为了从源头上消灭消费欲望燃起的火种。

因为，人有一种天性，在接触的过程中容易受到外部影响。比如，看到美好的东西，会希望拥有；看到性价比较高的商品，也想把它们带回家。只看不买也能产生满足感——这种人很少；更多人会因为看了不买而会觉得不幸福、不开心、懊恼。所以，不妨减少让自己可能因此不幸福、不开心或懊恼的机会——减少逛商场、逛超市、浏览购物网站的次数和时间。

毕竟，如果消费支出过多，最终会让自己更不开心；而除了消费型支出之外，还是有一些无须消费金钱也可获得幸福快乐的事情，值得我们去探索和体验。

第三节　用最恰当的价格，实施恰当的消费

性价比是很多人在消费时需要考虑的一个重要因素。一般来说，区别于我们固有的"性价比"认知——消费者常常追求性能值与价格值之比，期望在可以承受的价格区间内买到品质更优良的产品。当然，也有部分 Z 世代（1995~2009 年间出生的人）消费者，他们的消费行为常常趋向于对"情价比"的追求，愿意为自己的"热爱"去买单。但从根本上来说，这两种行为的本质都是为自己认为"值得"的消费而买单，故而在认知上存在一个共同的目标，即用自认为最恰当的价格，实施恰当的消费。

1. 个人基于财务思维，进行恰当的性价比评价

近年来，经常看到一个词汇：财务思维。财务思维是指成本与收

益的比较。一般来说，企业聘请专业财务人员，本身会具备一定的财务思维。而事实上，普通人在日常生活中也会用到这种思维模式，只是它们太普通、太平常，以至于很多人并未刻意关注它。其实，即便是在日常采买过程中，也是需要具备财务思维的。

比如，我们在上班路上买早餐，发现早餐摊位前排了很长的队伍，人很多。而此时，距离你上班的时间还有 15 分钟。很明显，现在排队可能会上班迟到。而如果在公司的楼下便利店买早餐的话，却是不需要排队的。这两个位置的早餐售价是不同的，早餐摊位的早餐一份 5 元，便利店的早餐一份 12 元，而如果迟到的话，则需要扣工资 30 元。更进一步说，在摊位排队买到 5 元早餐，但可能会迟到、扣 30 元工资；而在便利店买 12 元早餐，虽然贵一点但不会迟到。那么，你要在哪家买早餐呢？

这就是一个在财务思维模式下的思考过程。虽然在某些方面的支出单价可能相对较高，但是借助这一相对较高的支出而能够获得相对高的收益，这便是理性的财务思维结论。

大家也可以尝试思考以下类似问题：你会在景区里、景区外购买纪念品，还是在第三方平台上搜索当地出产的热销商品？你会选择直接饮用酒店里提供的免费水、收费饮料，还是在酒店外超市、便利店购买饮品？这些也都是一种隐藏在我们日常生活中的财务思维。

2. 延迟满足需求的时间点，控制当下的消费冲动

在生活中，我们的消费行为是单次发生的，比如一年一次，几年一次，发生的频率不高。对于这类消费，我们可以考虑暂时推迟消费的时间节点。

（1）如果商品在不同时间点的价差较大，可以选择延迟消费

当电子通讯类商品刚刚上市时，很多人常常会因商家宣传而折服，发出各种感叹："哇，这个功能好棒啊！这个外观真好看！好想去体验这个新品啊……"但我们也知道，按照市场价格规律，新上架的商品和老款商品相比总是要更贵一些。而当商品在上市一段时间之后，市场消费状态逐渐趋于饱和，那么企业或销售平台就会下调价格，以进一步促进人们的持续消费。比如一部中档手机，其刚上市时的新品价格与前一版本产品的价格大约会有一两千元的价格差。比如一些苹果手机粉丝会彻夜排队购买新品，售价极高，还可能买不到；但只要他们愿意等几个月再买，就可以按照一定的折扣价买到同款商品。

再比如，时装类商品也存在同样的情况。如果消费者愿意在换季时购买，那么有时可能会以一折到五折不等的价格买到一模一样的商品。如果有的人说"我不想穿换季服装"，那么可以选择在应季新品到来后的一到两周再行选择，此时当年新品量最多、款式种类最全。一些时尚达人常常追求抢先路人一步或独此一份，那么他们也需要为此支付更高的价格，从消费性价比的角度来说并不划算。

（2）用时间验证自己的消费行为是冲动还是幸福

很多人选择消费行为是往往因为在当时那个时间点上，个人的喜

好情绪被激起。

很多人可能有这样的体验：在遇到某个商品 A 时，感觉自己的购买欲望非常强烈，连续很多天心中都如着魔一般地想把它买到手。而在过了一段时间以后，这股兴奋劲儿却消失殆尽，发现自己对那个商品的喜欢程度锐减，觉得"有没有它已经无所谓了"，或者发现有个商品 B 比商品 A 更好。此时，就省下了购买商品 A 的费用。

此外，人们还有另一个普遍的心理特点：当人们很容易地获得一个物品时，往往不会对这个物品太珍惜；但是，如果我们投入了很多精力和等待才得到它，却会感到格外幸福，对这个物品更加喜爱和珍惜。

所以，我们在个人消费行为发生之前，不妨先确认一下：是否愿意接受延迟此次消费行为？如果可以接受，那么不妨选择延迟消费行为。毕竟，仅仅是延迟了消费的时间节点，就可以使我们个人和家庭的财政状况变得更好一点——用节省下来的现金流创造更多的资产收益，同时又能够提高我们对购物商品的满意度和满足感。

3. 实施智能化转型升级，以先进技术优化固定成本

我们在前文中谈了如何提高个人消费的性价比问题，下面再来介绍几种有助于企业机构进行恰当消费的方法。

近年来，很多制造型企业每到春节前后就会出现工人数量严重不足继而生产线无法启动的问题，而临时招聘的人员又需要紧急培训才能上岗，费时、费事、费钱。当然，很多劳动密集型企业都存在类似

问题。

为了解决这个问题，不少企业开始借助智能化手段，基于新一代信息通信技术与先进制造技术深度融合，面向产品全生命周期（包括设计、生产、管理、服务等阶段），打造具有自感知、自学习、自决策、自执行、自适应等功能的新兴生产模式，减少人工的使用。

（1）设计阶段智能化

智能设计是在传统设计基础上，运用模拟仿真、智能科研系统，借助数据库、互联网支撑，在智能虚拟环境中并行、协同进行产品研究开发。同时，利用智能研发平台对产品功能、结构、性能进行模拟仿真、虚拟试验，不断优化产品设计。

（2）生产阶段智能化

智能生产智能化，通过运用大数据、云计算、物联网等新一代信息技术与传统技术相结合，实现车间、系统、设备的互通互联、互相融合、互相相应、互相合作的信息物理系统，实现资源节约、效率提升的个性化生产。

（3）管理阶段的智能化

以互联互通为依托，将产品数据管理、供应链管理等软件管理系统实现互联，通过产业链上多企业协同制造，降低制造成本和物流成本，提升管理效率。

（4）服务阶段的智能化

智能服务通过基于新一代信息技术和大数据、人工智能等科技手段，搭建智能服务平台，实现敏捷化、远程化服务。

红领集团是一家以生产经营中高端服装、服饰系列产品为主的大型民营服装企业集团，是探索传统制造业转型升级路径的先行者之一。2003 年，红领集团开始以 3000 多人的西装生产工厂为试验室，在大数据、互联网、物联网等技术支撑下，运用互联网思维，投入 2.6 亿元资金，专注于服装规模化定制生产全程解决方案的研究和试验，以订单信息流为主线，以海量版型数据库和管理指标体系为载体，以生产过程自动化为支撑，经过 12 年的积累，形成独特的"红领模式"。

红领模式是充分运用信息技术，以大数据为依托而进行个性化订制产品的工业化流水线生产和电子商务零售模式。这种模式从订单提交、设计打样、生产制造到物流交付都是一体化的，不仅非常好地实现了消费者与制造商的直接交互，还极大地减少了企业人工成本支出和各类代理成本支出。

对于企业智能化转型升级来说，这还仅仅是初级阶段的探索；如今，有很多企业以机器人代替了人工。比如，2019 年我国机器人销售额近 608 亿元，主要以工业机器人为主，比重达 66%。机器人的工作产能是普通人工的数倍甚至数十倍，而无需支付人工成本；其成本投入又是相对固定的。从投资产出角度来说，以少人化、省人化为基本措施，进行智能化转型升级类的固定成本支出（如设备投资），是一种性价比相对较高的投资，也是值得企业做更多探索的一个消费方向。

4. 选择共享模式，转换持有状态，降低成本支出

共享模式也是在消费时降低成本支出的一种方式。在最近几年，很多共享服务出现在我们身边，比如，共享单车、玩具租赁、图书租赁等。选择这类共享模式的人群并未获得物品所有权，而拥有使用权。对于不考虑长期持有这些物品的个人或组织主体来说，选择共享模式的成本支出更经济、实惠、方便。

除了在物品方面可以选择共享模式之外，在人员上也可以选择共享模式。2020年2月4日，在盒马宣布了与餐饮企业云海肴达成用人合作之后，几百名受停业影响的云海肴餐厅员工已经加入各地盒马门店，为消费者服务，由此打响了"共享员工"第一枪！多家企业合作，一方面解决了该行业待岗人员的收入问题，另一方面缓解了企业成本压力。

事实上，我们身边多年前便已经出现了专门以共享服务为核心业务的企业。比如财务代理公司，部分小微企业往往并不设立专门的财务部门，而是选择委托专业的财务公司，由后者提供专业人才来处理相关财务事务。再比如家政服务联盟，部分家庭、企业不想自己安排人员做保洁工作，而是委托家政服务公司，由专业保洁人员提供定期保洁服务；而家政服务公司之间也不再局限于过去的业内竞争模式，

而会在专业人员上启动共享模式。

这些都是基于"共享"思维的新商业模式。对于企业来说，这种新模式会促使人们去探索出一条适合本企业发展、为时代所需的新模式，同时也有助于企业降低经营成本。对于个体来说，可以使自己的消费获得更多选择的机会，实施性价比相对更高的消费支出。

第四节　聪明用钱，增加资金池，钱越用越多

前面我们谈了如何控制消费支出的实际额度和性价比，以此确保消费支出得到有效控制。从本质上来说，这些都是从"节省"的角度来考虑的。那么，如果我们换个角度思考：是否可以让消费本身成为创造收益的行为呢？这就是消费型投资。

1. 明确投资回报目标，带着目的去消费

现代消费早已不再是单纯的消费，在人们不断成熟的消费理念中，投资型消费已经在逐渐替代传统的支出型消费，消费者也已经意识到，他们的愿望可以实现，花出去的钱真的可以自己再跑回来。投资型消费兼具"消费＋投资"的双重属性，它解决人们"消费即花钱"的痛点，让人们不仅能够享受高品质的消费服务，同时还能实现资金保值与增值，获得"一边消费，一边赚钱"的全新体验。

当然，这就需要人们在消费时考虑此次消费可能带来的影响——是否能够带来预期的投资效果？

举个例子来说，很多人有买书、买线上课程的习惯，但是只是买书买课、囤书囤课后，却很难看完一本书或听完整一套课程，只是自我暗示"买过就是学过"罢了。

另外一类人，他们在买书买课以后，会从头到尾地看或听整本书或整套课，做好笔记。但是，他们并未将自己的习得与实践相关联。也就是说，其学习型消费仅仅停留在认知层面。

还有一类人，他们会认真了解整本书整套课的目录和更新节奏，为看书和听课预留出学习的时间，并写入计划里，每一次看书听课，认真做笔记，并列出自己的行动计划。

第一类人的行为是一种纯粹的消费行为。第二类人的行为丰富了自己的思想，但未形成自己的认知系统，不能影响自己的行为，故而属于非典型消费。而第三类人的行为是真真正正的投资型消费行为。这一类人都非常清楚一点：消费支出仅仅是第一步，通过消费而获得投资回报才是最重要的——起码要赚回投资的钱。毫无疑问，这种带着目的去消费的行为，才是让主体的消费行为成为其收益增长的助推器。

2. 既可以投资人力资本，也可以投资实物

我们在哪些领域的消费可以转化为投资，形成价值再增长呢？一种投资类型是人力资本领域进行投资。这种投资通常是为了提升个体在专业技术能力、理财能力、形象塑造能力等各方面的能力而做出投

资。近年流行一种说法："投资什么，都不如投资自己。"意思就是说，在自己身上进行针对性投资或成长型投资，这是回报率最高的、最有价值的投资。前文中提到的买书购课这类学习型消费行为，就属于这种投资类型。

另一种投资类型，是在那些可保值、有增值空间的实物上进行投资。比如，房地产、艺术品、奢侈品包包、瑞士手表、黄金、邮票等，都被视为可增值的投资。一方面，它们具备当下的使用价值，比如房产可住可租，艺术品、邮票等可欣赏，包包、手表、饰品可日用；另一方面，如果这些资产足够优秀，不仅不会因使用贬值，反而可能在时间的嬗变过程中日益增值。

以房地产为例，近年来中国倡导"房子是用来住的，不是用来炒的"。事实上，如果购房目的是用于自住的话，还会使个体或家庭省去了房租变化、搬家动荡的烦恼，使个体或家庭在投资上变得更为可控。而且，购房也可以在一定程度上减少"未来房价高于负担能力的可能性"所带来的压力和影响。

再以黄金为例，很多投资者会选择合适的方式持有黄金。目前，黄金市场上的投资渠道大致有三类：纸黄金，以银行为代表；实物黄金，以上海黄金交易所为代表；黄金保证金交易，以场外伦敦金为代表。三种投资渠道中，纸黄金没有实物作支撑，且占用的投资资金数额较大，但是安全可靠；实物黄金则可用于保护家庭资产免受通胀袭击，但变现时有些不便；黄金保证金交易投入小、盈利大，却因其杠杆比例较高而导致风险较大，更适合一部分专业知识扎实、风险控制意识较好的投资者持有。

值得注意的是，一些投资实物黄金的初级投资者会选择黄金饰品。理由是：可使用。黄金饰品日常生活中可佩戴，需要兑换现金时又可以通过可信度高的金店进行换现。当然，黄金饰品在抗风险储值能力要略逊一筹，因为它在购入时的价格高于金条，而需要兑换现金时又会扣除不菲的费用。所以，投资者宜根据个体的具体需求而慎重选择。

当然，在进行投资时，具体倾向于哪个方向，是需要个体自主判断的。每个人的行为倾向、人生目标、未来发展计划等都是差异化的，因此要根据自己的具体需求来选择恰当的投资消费方式。在这个世界上，不存在百分百正确的消费；但是，从消费与收益回报的角度来说，却会有一种对你我而言最适宜的、收益率相对较高的消费投资方式。

3. 遵循科学思维模式，实施可增值的消费

对于选择投资型消费、希望赚回投资钱的主体，很有必要学习一种科学的思维模式，甚至形成有效的、持续的闭环状态。

以自我投资为例。在每一次进行自我投资时，我们都不妨问自己三个问题：

第一，我应该在哪些领域进行自我投资，形成系统的投资布局？

第二，之所以选择在这方面进行自我投资，我的终极目标是

什么？

第三，采用哪些方法，能够确保我达成自我投资的期望效果？

第一个问题："我应该在哪些领域进行自我投资，形成系统的投资布局？"这个自问是让我们确认自己的投资是否始终保持在一个方向上，不偏差才会推着个体持续向前发展。

第二个问题："之所以选择在这方面进行自我投资，我的终极目标是什么？"这个自问是让我们为自我投资确定目标。因为，人们带着目标的实践往往更具有积极主动性，最终获得的结果自然也会更好。

接下来要思考和回答的是第三个问题："采用哪些方法，能够确保我达成自我投资的期望效果？"弄清楚这个问题，是实现目标的重要路径。实实在在的有效践行，行动行动再行动，才能让目标得以圆满实现；否则一切只是空谈。

如果我们能够用这三个问题，去对照自己的每一次投资行为，或者为自己的投资行为去建立一个目标结果对照清单，那么便可以最终确保自己的投资型消费真正实现增值效果，让自己资金池里的钱越来越多。

第五章
打造财富增长的管道

　　在我们身边，有大部分人都只是打工人，干多长时间工作、干几份工作、完成多少工作量，就领多少薪水。这种状态的危险在于：收入是暂时的，而不是持续的。当你停止工作时，你的入账也随之消失。那么，如果在某一天因为某些不可抗力而无法继续工作时，又如何维持自己的生活呢？

　　但是，如果我们能够为自己搭建一条或若干条财富管道，则会大不一样。管道的不同在于：它可以无时无刻不断地为我们创造财富。无论我们在工作、在休息、在娱乐、在生病或紧急情况下，它都会不断地输送财富。如此，便可以摆脱打工人的命运，实现真正的财务自由！

第一节　深挖：保持业务专精，守住财富高地

在正式挖掘财富管道之前，我们不妨来看看美国知名的作家、演讲家、企业家贝克·哈吉斯曾讲述过的这个经典的《管道的故事》。借此故事，我们来认识一下：我们为什么要打造管道？

很久以前，在意大利的一个小村子里住着两位年轻人，其中一个年轻人名叫布鲁诺，另一个年轻人名叫柏波罗。他们俩一起生活，一起工作，从小到大都是最好的朋友。甚至他们有同一个梦想：希望有朝一日，他们可以通过自己的努力而成为村子里最富有的人。

这一天很快到了！村子里决定雇佣他们俩把附近河里的水，运送到村子中央广场的大水缸里去。然后，村长按每桶一分钱的价格，为他们每天的工作结算酬劳。

"每天只要不停地运水，都能赚到这么多钱！"一想到这儿，就让布鲁诺感到非常开心。但是，柏波罗却并不觉得开心。他说自己每天工作得腰酸背痛，手掌上也被磨起了大水泡。而且，他一想到以后每天都要早早起床，去做同样的事情，他就感到非常可怕。但是，"这

份工作的收入稳定而长久，是值得去做的。那么，是否有一种更好的办法，来将河里的水运到村子里去呢？"柏波罗陷入了思考。

第二天一大早，当他们再次挑起水桶，跑向河边时，柏波罗对布鲁诺说："挑一桶水可以得到一分钱的报酬，但是这样提水实在太辛苦了。我有一个计划，我们修一条管道，直接把水从河里引到村子中央广场去，你觉得怎么样？"布鲁诺回答道："柏波罗，我们有一份不错的工作。我可以在一天提一百桶水，一分钱一桶，一天就可以收入一元钱！我很快就可以成为富人了！我们有全镇最好的工作，一辈子都不用愁钱的问题！别幻想你的管道了，快工作吧！"

柏波罗耐心地向自己最好的朋友解释自己的这个计划，但是却无法改变布鲁诺的想法。于是，柏波罗决定：即使只能自己一个人去做，也要全力实现这个计划。于是，他将一半的时间用于挑水运水，维持日常生活；用另一部分时间以及周末休息的时间，用来挖凿他的管道。当然，想要挖出一条管道是非常艰难的事情；但是，他坚信：只要管道开通之后，必然可以创造出非常好的收益。

就在柏波罗全力以赴的过程中，布鲁诺和其他村民却在嘲笑他。布鲁诺每天的收入是柏波罗收入的二倍。他经常向柏波罗炫耀自己新买的好东西，还常坐在酒吧里请大家一起喝喝酒、聊聊天。

一天天，一米米，柏波罗的管道在持续地向前推进。布鲁诺持续地运水，由于长期劳累，他的背变得驼了，步伐也开始变慢，每天运送的水不那么多了。

终于有一天，柏波罗的管道全面完工了！而自此，柏波罗再也不用提水了。因为，无论他是否去挑水，无论他是在吃饭、睡觉或玩耍，每天都有源源不断的水通过管道流进来。随着管道运送的水越来越多，柏波罗口袋里的钱也越来越多。

为什么要搭建管道？因为，如果人们有了管道，即使是不时刻工作，也可以持续获得财富。那么，我们应该如何打造管道呢？怎么让自己的管道容量越来越大呢？

一般来说，我们可以从专精业务、延伸业务、整合资源、稀缺四个角度来搭建管道。本节从专业角度开始说起。

1. 告别全民免费时代，为专业付费

美国经济学家米尔顿·弗里德曼曾经说过，如果要用一句话概括经济学，那就是"没有免费的午餐"。在任何行业领域皆是如此。

2016 年是一个转折点。2016 年农历春节刚过，微信"收费"策略出台后迅速引发了人们对免费与付费的大讨论。此时，人们似乎后知后觉地发现：过去以红包或优惠券形式出现的大额补贴已经消失，免费学习或服务体验不再遍地皆是；要想获得免费的高质量内容也越来越难了，网络上的热门音乐、电影、图书都开始明码标注单价，或以会员形式收取费用。

越来越多的行业通过改造消费体验，培养用户习惯，推动消费由生存型向发展型消费升级、由物质型向服务型消费升级。而事实上，

的确有越来越多的消费者越来越愿意为专业化、高品质的产品和服务付费。比如，中等收入人群对于高品质的追求，催生了跨境电商和母婴垂直类网站的迅速发展；人们会为了获得专业知识而付费，催生了线上培训、知识分享等业务。

2016年被人们称为"知识付费元年"。为什么知识付费让人们如此趋之若鹜？因为，对于消费者来说，自己花一点费用，就可以获得公众人物、行业领军者传授的内容，这是非常划算的做法。因此，各大知识付费平台的活跃用户数据保持着不断扩大的趋势。据艾媒咨询公布的数据显示，2017年以来，中国知识付费行业迎来了快速发展的阶段。2019年，知识付费的市场规模已经达到278亿元。

而对于知识答主（公众人物、行业领军者、专业人士）来说，长期储备的知识有了变现的机会，而且这种储备变现的频次非常高。事实上，知识输出者往往只需要输出一次，即可借助这次输出成果而获得多次收益。

2. 保持专一领域的精进，提高个体专业度

为专业化的产品或服务而付费，这是消费升级的一种必然过程，也是完成市场转变的必然结果。而这种专业是建立在一个基础上，就是产品或服务的输出者在专业领域具有非常突出的优势，这样才能获得付费者的信任。

而在个体的突出优势表现出来之前，行为主体要明确一点：专注于一个领域，使个体知识技能持续精进，提高个体专业度，以此作为扩展财富王国的基点。

人的才能发展是基于过往学习经验的积累，医学博士纳撒尼尔·莱博维茨等学者在《数学心理学杂志》上有一篇论文表明，人类在才能上的学习积累通常呈现出 S 形曲线的特征，如图 5-1 所示。

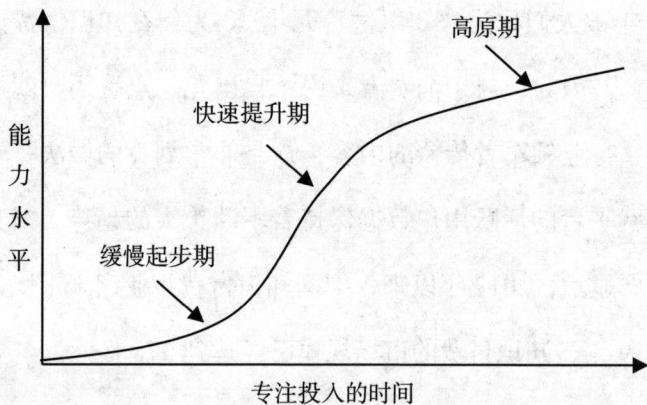

图5-1 学习积累过程的S形曲线

有的人爱好多多，但并不精通，最终不知该从哪个方面打造自己的事业发展通道。其实，每个人的精力是有限的，如果我们不够专注，那么就很可能永远在"缓慢起步期"徘徊，从 A 领域的缓慢起步期跳到 B 领域的缓慢起步期，再到 C、D……但就是到不了快速提升期，更到不了高原期。所以，最后的结果是：大多数人都在缓慢起步期就"死"掉，小部分人爬到了快速提升期，极少数人到了高原期，睥睨天下。

如此，大量处在缓慢起步期的人在一起竞争初级工作岗位，只能得到较低的收入；而少数抵达高原期的人则能够收获这个世界的大多数财富。在靠专业吃饭的行业领域，这种不均衡表现得非常明显：浅尝辄止的人很可能将一无所获，而专注投入走到最后的人将获得超额收益，如图 5-2 所示。

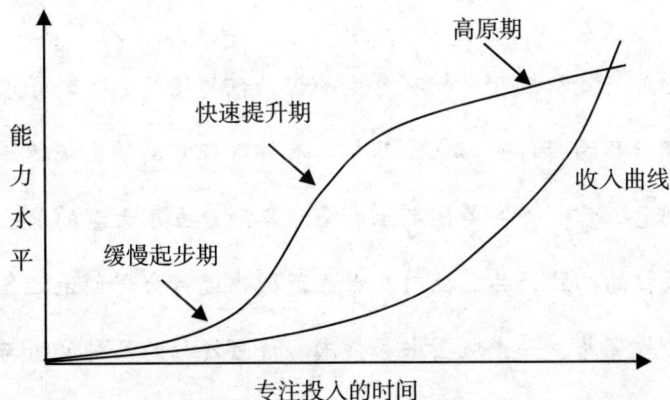

图5-2 S形曲线与收入变化的关系

我们可以这样理解：即使是做同一件事，专业程度不同的人所得到的收入也是截然不同的；而很多需求者也非常愿意为这种专业差异而支付不同的费用。所以，如果一个人能够专注于某个领域，捕捉住恰当的机会，最终因专业而获得丰厚收益的可能性是非常大的。

3. 打造知识产权，加宽财富管道

评价个体专业程度的标准，并不是看一个人是否能够对专业知识口若悬河、如数家珍，而是能够对其专业形成系统认知、深度研究，甚至形成自己的知识产权。

知识产权，是全人类在社会实践中创造的智力劳动成果的专有权利。各种智力创造比如发明、外观设计、文学和艺术作品，以及在商业中使用的标志、名称、图像，都可被视作某一个人或组织所拥有的知识产权。在商业社会，人们对知识产权的重视，不仅是对

智力劳动成果的产权认可，还可以从收益角度为产权人创造极大的财富。

  迪士尼一直积极开发拥有自主知识产权的商品，不断寻求可以用于许可证产品的新角色形象，参与具有许可证意义的出版物的写作和插图的创意工作，并在美国本土和全球各地建立了大量的迪士尼商店销售其授权的品牌产品。公司在世界范围内进行公司创造的各种形象的知识产权交易，并出版图书和杂志。许可发放的品种包括与迪士尼有关的玩具、礼品、家具、文具、体育用品等。出版类的许可证包括连环画、艺术图画书和杂志等。迪士尼依靠从批发和零售产品的销售定价中提取固定比例的使用费来获取利润。此外，公司以"迪士尼专卖店"向市场直接推出与迪士尼有关的产品。特许经营和品牌专卖是迪士尼的第四轮收入。如今，迪士尼在全球拥有超过4000特许经营商家，特许经营范围也扩及家具、玩具、手表、服装等诸多领域，特许经营收入已占据了迪士尼收入的最大比重。

  以华为公司为例，华为在知识产权方面是非常重视的。截至2018年年底，华为公司在全球的授权专利数量累积达到87805件，其中美国授权专利的数量已经达到11152件。世界知识产权组织发布的数据显示，华为公司于2018年向该机构提交了5405份专利申请，在全球所有企业排名中位于第一名。而华为一年的知识产权收入达14亿美元。

可以说，这两家企业目前在其对应的行业领域已经拥有了这个行业中最具价值的知识产权组合。而知识产权申请既使企业的知识产权在业界内获得了法律保障，同时也能够使企业获得巨大的营收。

第二节　延展：持续延伸业务，把蛋糕做大

业务延伸是打造财富管道的第二个角度。业务延伸通常是以业务精专为起点，再向其他领域或模式延伸。这些不同的领域或模式通常以相似或互补的状态，彼此渗透，互相融合，并由此形成一种新形态，这种状态也被称为"跨界"。通俗地说，就是立足当下领域，去赚另一个领域的钱。

1. 从单一产品或业务出发，打造产品矩阵

如果单一产品或业务对应单一的营收渠道，那么由此带来的财富是相对有限的。但是，如果能够从这一产品或业务出发，拓展它们的可应用范畴，打造矩阵形态，那么就相当于拓宽了财富进入的通道。

火遍全国的"知识网红"秋叶大叔曾出版过一套《新媒体营销》系列图书。这套图书在 2016 年 6 月正式上市，到 2020 年底时累计发行 80 万册。从收益来讲，这套图书的销售量达 80 万册，在前后 5 年

时间所获得的图书版税收入达到 300 万元左右。

然而，这套图书的价值并不仅限于此。事实上，2017 年，秋叶大叔刚刚出版了第 6 本教材后，工信部下属协会便找到了他，称：进行《新媒体运营师》认证工作当时正好缺一套这样的教材。于是，这套图书便成了新媒体运营师资格认证的必用教材。再后来，这套教材逐步覆盖了 1000 多所高等院校，成为目前高校市场占有率第一的新媒体教材。

很明显，秋叶大叔让最初的图书产品逐步变成了认证配套教材和高校教材，再后来秋叶大叔还参加了认证辅导工作。如此一来，一个增值环节变成三个增值环节，单一产品的商业价值被进一步放大。

我们可以以同样的思维进行拓展，一位作者出版一本书，假定其折扣后价格为 30 元；而如果他能够把图书和个人自媒体导流打通，把个人自媒体和线上网课打通，把网课和线上训练营打通，那么其形成的价值就可以借由图书（30 元）、网课（假定价格 99 元）、训练营（假定价格 999 元）形成闭环，逐步形成一个产品矩阵，放大专业产品和服务的价值。

2. 发掘相似与关联性属性，探索跨界模式

如果产业属性是相似的，那么跨界就会相对容易——产业运营之间可能存在互通之处，在经营方面可以由此及彼，有所借鉴或加以转换。在现实中，很多企业之所以能够跨界成功，在很大程度上是基于其对产业属性的准确把握，以及对同一性质行业的丰富经验积累与迁移。

当然，也有些跨界行为虽然看似"不务正业"，实则背后隐藏着缜密的战略布局。这种深层布局其实是一个能量和价值逐级传递的生态系统，副业和主业看似毫不相干，实则暗中帮衬、环环相扣，最终实现用户粘性和企业影响力的提高。一个典型的案例就是横跨"轮胎制造"与"餐厅评价"两界的米其林集团。

"轮胎制造"与"餐厅评价"这两项业务的行业跨度之大令人咂舌，以至于很多人一直以为它们的重名是个巧合。令人困惑的是，米其林为何在做轮胎的同时，又要为米其林餐厅评分？

其实逻辑很简单。为了提高轮胎的需求量，首先就要提高汽车的需求量。怎么提高？当然要鼓励大家出门远行——其选择的方式就是告诉人们"远处有更吸引人的好吃好玩的地方"。就这样，第一版《米其林指南》在1900年问世，免费发行了35000册，指南的内容包括旅行小秘诀、加油站位置、地图和更换轮胎的说明书等。接着，米其林兄弟发现人们对于餐馆的指南很感兴趣，于是就雇佣了一批匿名调查者，去光顾各大餐厅并给出评价。1926年，米其林有了自己的星级标准；1931年，这一评级系统开始启用3星，并以极高的公信力成为评定餐厅和大厨的权威机构。

这样的跨界实践可谓经典。企业如果看不透内在的业务逻辑，盲目模仿，就会导致学得来架子、学不来内在的运行逻辑。忙活半天，左一脚、右一脚、深一脚、浅一脚，看似每个领域都有所涉猎，但是各个业务之间毫无关联、彼此分散，无法实现能量的交换与传递，摊子铺得过大，反而没能形成合力。

米其林在守住核心竞争力的前提下去跨界，而后紧扣目标消费者的需求，通过融合不同的元素，给潜在消费者提供更多更新奇的体验，并努力让消费者形成一种趋向以米其林企业文化为基础的全新生活方式——"把生活过得更有质感"。

可以这样说，业务延伸并不是一件随意的事。表面上看，似乎只是由此及彼，但从根本上来说却是对客户诉求的紧密契合。唯有此处与彼处保持一致性，同时在属性上有关联和互补性，如此再去跨界，方能真正实现无缝对接、无障碍融合。

3. 打通产业链条，向上下游业务适度延伸

一些企业会在一条既已存在的产业链上，尽可能地向上下游拓展延伸，即所谓"上下游产业链""延伸产业链"。有时，一条产业链上关联着不同的企业；也有时候，一个企业会在发展过程中沿着产业链不断延展业务，由此形成集团企业。

而这里我们所说的业务延伸，则是有一个前提和基础，即行为主体在单一领域内的表现是精专的。因为，如果盲目地扩张业务领域，会使业务主体的标签属性繁杂不清；而如果能够以一个专精领域为基

点，则可以进一步巩固人们对主体标签属性的认知，最终形成消费群体的基本品牌认知与定位。如此发展起来的业务延展，将大大节省市场营销费用，但又会因品牌认可度而增加财富管道的宽度，让财富的蛋糕越来越大。

第三节 整合：系统整合资源，创造超链收入

市场环境是充满变数的。如何在不确定性中去维持财富收入的相对稳定性？特别是，当我们自身当下的能力不足以进行业务深挖或延展时，那么是否可以借助其他方式来创造财富呢？事实上，无论是个人还是企业，我们完全不必拘泥于自身的技术或能力，而要懂得整合外界资源、为我所用。可以说，资源整合是一种非常重要的能力，也是一种增加财富管道的方式。

1. 明确整合思维的本质，找准自己的定位

整合的本质是对分离状态的调整、协同和一体化。以产业链整合为例，它是通过调整、优化相关企业关系使其协同行动，从而提高整个产业链的运作效能，最终提升行业竞争优势的过程。这与上一节中以业务延伸模式打通产业链不同的是，通过整合模式打通了产业链，产业链上被整合的主体与整合者之间是平等关系，整合者并不需要进

行较大的投资。

在实施有效整合之前，我们必须关注两个主体：整合者与被整合者。

（1）整合者必须具备整合意识

整合意识和整合思维是资源整合的前提。要知道，任何一家企业或某个个体的资源都是有限的，任何一家企业或某个个体的力量都是渺小的。如今的市场环境要求不同的企业或个体既要做到"术业有专攻"，又要学会资源协同与共享。

（2）整合者明确被整合者是谁

供应商与制造商之间并不一定是相互碾压、你上我下的关系，从一个更大的视角来看，无论是供应商还是制造商，抑或是零售商，都是"一根绳子上的蚂蚱"，这根绳子就是产业链。

概括地说，那些需要被整合的对象主要是产业链上各个环节的全部资源、数据和信息。从消费端出发，所有相关企业或个体都应该以"向顾客提供最佳产品和服务"为目标，互相配合、密切合作，从而实现最短时间响应、最快速度交付、最低价格供应、最优质量保证。未来的竞争不是单个企业与其他企业之间的竞争，也不是单个个体与其他个体之间的竞争，而是不同圈子或供应链之间的竞争。而提高竞争力的关键就在于资源整合。

在目前的形势下，企业或个人都要善于借助多方面的外部力量，通过各种平台进行广泛的行业交流，对互补式资源加以整合，以实现自身的发展壮大。

2. 因应产业特征，选择恰当的整合模式

老子曰："治大国若烹小鲜。""烹"是基于刀工、火候、调料与厨艺等多个方面的整合。任何产业、行业、个体在谋求发展的过程中，也应具备这种思维。那么，我们应该怎样进行资源整合，从而最终烹调出一桌满汉全席呢？

（1）系统整合的探索与实践

一般而言，资源整合可以分为横向整合、纵向整合、平台整合、混合整合等多种模式。在实践领域，最典型的整合模式是横向整合和纵向整合。

我们知道，在很多产业或行业中，一个企业甚至一个集团都很难掌控整条产业链，大部分企业都处于产业链中的某一环节。横向整合就是在整个行业产业链同一层面上获取、整合资源，形成高效的解决方案。比如，一些地区全力打造的玩具小镇、童话王国、非遗传承村镇，以及创业者联盟等，都属于此类横向整合的现实实践。

对于实力较强的企业，还可以进行产业链上下游之间的整合。也就是说，企业可以从最初的产品设计、原料采购，到生产制造、物流配送以及最后的批发与零售，围绕整个价值链进行垂直整合，又称"纵向整合"。

一般情况下，产业链的纵向整合有三个途径：一是往产业链的上游拓展，以增强企业原材料控制能力；二是往产业链的下游互补市场拓展，以扩大企业生存空间；三是整合具有较高品牌价值的产品，以提升企业竞争优势。总体上来说，当纵向整合达到极致状态时，便会形成一条全产业链。这种做法带来的好处非常明显：企业可以在整合前端供应商的过程中，提高成本控制能力；通过产品研发和品牌塑造，增加产品和企业的附加价值，进一步提高市场竞争力。

以儿童用品品牌好孩子为例，该企业曾将美国顶级的百年老字号 Evenflo 收归旗下，同时全资并购德国顶级的年轻高端母婴品牌 Cybex。这个整合举措使之成功打开了国外市场，成为全球范围的领袖企业和婴童行业的领导品牌。

（2）资源整合也有弊端

在资源整合之风的盛行之下，部分企业发展成了"麻雀虽小，五脏俱全"的状态，这使得企业资源被分散而无法聚焦于核心业务。对于亟需业务拓展的中小企业而言，这绝对不是什么好事。

尽管产业链整合的优势明显，但是一旦庞大的产业链形成后，也会出现管理成本增加、组织协调难度加大、利益纠葛过于复杂、全产业链经营风险加大、创新与市场应变能力不足等一系列问题。这都是值得企业、组织机构以及个体在进行整合各类资源过程中需要重点关注的典型问题。

事实上，对于企业而言，自己能否具有全能特征，这不是决定市场胜负的重点。最重要的是，它是否能够成功进入一条强大的产业链，并整合产业链上配套的优质资源为我所用。

3. 以合作共赢为目标，整合支持业务或匹配资源

为了解决前述问题，我们在系统整合资源的过程中，要格外注意整合目标是否一致、是否能够实现互惠互利的问题。我们先来看一个老生常谈的案例。

比尔和别人打了一个赌，他说："我能将最穷的乡村小伙子变成世界银行副总裁。"对方不相信。于是，两人一起来到美国的一个偏僻的小乡村，找到了村里最贫穷的老农。

比尔对这个老农民说："我可以把你的儿子带到繁华的城市去工作。"老农民一直希望把唯一的儿子能够留在自己身边。所以，他一听完比尔说的这句话，就抄起了农具，要将比尔二人赶走。比尔见状，又继续说："我可以帮你的儿子在城里找个非常漂亮的妻子。"老农民一听，略有心动，但仍是摇了摇头。"如果你儿子未来的儿媳，是石油大王洛克菲勒的女儿呢？"老农听完比尔的这句话被震惊了，同意比尔带走自己的儿子。

几天后，比尔找到美国石油大王洛克菲勒，对他说："我要给你的女儿找个对象。"洛克菲勒非常生气："我的女儿是不会随便嫁人的。"但是，当比尔说他要介绍的这个男士是世界银行副总裁的时候，洛克菲勒表示了同意。

最后，比尔又去找到世界银行的总裁，建议他马上任命一名副总裁。总裁当时便否决了他的建议，因为世界银行的副总裁岗位并无空缺。比尔说道："如果这位副总裁人选，是洛克菲勒的女婿呢？"总裁听到这一句之后，立刻同意了。

事实上，这只是一个虚构的故事——因为石油大王洛克菲勒是1937年去世的，而世界银行到了1945年才正式成立。不过，这个经典的故事之所以作为EMBA教学案例被经久流传下来，是因其以有趣的论述阐述了一个很好的道理：比尔之所以能够如"空手套白狼"一般赢得了赌局，是因为他满足了人们对利益互惠的需求。要想让人们让渡出自己的利益，是要以让他们先获得一些其他利益为前提的，这就是利益互惠的力量。

近年来，很多创业者提出了"打造共同体"的想法。因为，只有当资源持有者能够真正成为一个共同体时，资源才会得到更有序、有效的配置与系统集成，更有效地提高整体竞争力。

乐高与学术圈的联姻是跨界的一个成功案例。2015年，牛津大学与乐高合作创办的乐高研究中心正式开幕，另设"乐高教授"一职，率领研究中心团队着重研究玩在教育、个人发展及学习过程中所起的作用。此外，乐高还与剑桥大学、清华大学等高等学府跨界合作，资源上可谓"门当户对"。这也正是我们需要强调的，跨界合作的两方必须有对等的资源匹配，这样才能产生品牌的叠加效应。

乐高采取这种做法，并不只是为了做项目研究，而是给它们的产品争取到了更多科学理论的支持和更权威的背书。当乐高的主要消费群体——家长们发现了乐高玩具的玩乐属性、科学属性后，家长们会自动自发地为乐高的使用者群体（孩子）购买乐高玩具，甚至支持孩子参加乐高学习课程。

这也同样给我们一个启示：如果整合者与被整合者在某一方面具备突出而强大的能力，那么在对各方进行整合之后，往往能够使其各展所长，或使双方的共同优势能力得以叠加，甚至产生指数级强化效应。

当然，这一点不仅限于组织单位或企业，对于个体而言也是如此。这些年来，很多人热衷于读 EMBA。其实，与掌握的知识相比，这些人更看重 EMBA 圈子所带来的人脉。有人曾说："每一位读 EMBA 的同学都有自己的资源和圈子，大家聚在一起可以进行更充分的资源整合与利用。"事实上，每个人都生活在盘根错节的人脉网络中，要想让生活充满乐趣、事业一马平川，谁都离不开他人的帮助与扶持。所以，要想尽快走上致富路，一定要学会资源整合。

4. 财散人聚，人聚财聚，财富跟着人心走

在整合资源的过程中，除了做好物力资源的整合、共享、支持之外，还有一个重要问题必须解决好：钱怎么分？

常言道："财聚人散，人散财散；财散人聚，人聚财聚。"这句

话对于对于创业者特别是合作创业者来说更应有所启示。作为创业者或合作者，不要让自己成为守财奴。学会把自己口袋里的钱分给其他合作者、员工，这会让后者更心甘情愿、死心塌地地跟随，由此实现"人聚"。有了"人聚"，齐心协力，才有了众志成城，才能做成大事业，最终才有更大的财富集聚而来，即"财聚"。

物质财富是每个人生存和发展的基础。当一个人在饥寒交加、衣不蔽体、食不果腹的状态下，是很难充分发挥其实力的。在满足了基本的物质需求后，每个人才会尽其所能，不断地创造，使企业得到最大程度的发展。

华为创始人任正非在《能工巧匠是我们企业的宝贵财富》一文中指出："如果我们的利润不能再增长，我们的收入也就不能再增长。只有大家提高自己的效益，使自己的工作有效性和质量达到一个高标准，才有可能把大家的待遇提到一个高标准。因此我认为企业是要根据自己的效益来不断提高和改善员工的生活水平的。"2010年年初，华为首次公布华为年报，并在年报中披露了企业的股权结构：深圳市华为投资控股有限公司工会委员会持有华为 98.58% 股份，这部分被多达 64.69% 的华为员工通过工会委员会共同持有；任正非本人仅持股 1.42%。2020 年，创始人任正非的个人持股比例甚至调至 0.88%。

华为资深顾问田涛曾经对华为"以奋斗者为本，向优秀员工倾斜"的分配原则进行了这样的评价："华为之所以二十多年来没有因为分配问题，而带来分裂和内讧，是因为其体现了奋斗基础上的分配共享。一个人所得到的股权、奖金、工资，是基于是否奋斗了，是否贡献了，是否给公司提供价值了，就是责任、贡献和牺牲精神。"通过坚持"向优秀奋斗者倾斜"这一分配原则，华为公司留住了一批又一批卓有成效的奋斗者，并且不断通过积极的价值引导，引导更多普通员工积极加入到奋斗者的行列中，为华为公司创造更多财富。

5. 资源再挖掘，把客户拉入财富增长链条中

对于已有资源，要学会持续挖掘其实力，使其发挥出更大的能效。资源再挖掘的高手，当属乔·吉拉德。在从事汽车销售时，乔·吉拉德一直奉行 250 定律，即在每位客户的背后，都大约站着 250 个人，这是与他关系比较亲近的人：同事、邻居、亲戚、朋友等。

乔·吉拉德非常巧妙地拉拢客户帮他再推销。在生意成交之后，乔·吉拉德会把一叠名片和猎犬计划的说明书交给客户，同时告诉客户：如果他能介绍别人来买车，那么在这辆汽车成交之后，他会得到每辆车 25 美元的酬劳。

几天之后，乔·吉拉德会再向客户寄一张感谢卡和一叠名片，并按年度发送一封附有"猎犬计划"的信件，提醒客户"乔·吉拉德的承诺仍然有效"。如果乔·吉拉德发现客户是一位领导人物，其他人会听他的话，那么，乔·吉拉德会更加努力促成交易，并设法让其成为猎犬。实施猎犬计划的关键是守信用，即一定要付给客户 25 美元。

乔·吉拉德的原则是："宁可错付 50 个人，也不要漏掉一个该付的人。"猎犬计划使乔·吉拉德获得了非常大的收益。对此，他曾自豪地说："买过我汽车的客户都会帮我推销"。

很多销售者在成交上仅仅关注当下，很多人在资源挖掘上顶多发展到客户多频交易这一层面，很少有人愿意深度发掘，将资源挖掘发展到客户身边的程度。如乔·吉拉德这样深度挖掘，将客户纳入纳入财富增长链条中的做法，是非常值得学习的。

第四节 发现：理性看待稀缺，捕捉收入新契机

在原因与结果、努力与收获之间，普遍存在着不平衡的关系。一般情况下，大的产出、报酬是由少数的原因、投入和努力产生的。比如，巴菲特有 90% 的财富是来自 10 项关键的投资，很多企业绝大部分的利润只来自于其中一小部分的关键客户。《福布斯》的专档作家马克赫尔伯特，曾经对巴菲特的投资收益数据进行检验，发现如果把巴菲特收益最好的 10 支股票投资给剔除，那么他的长期表现就会流于平庸。也就是说，关注并抓住那 20% 的部分，更有利于人们获得更多财富。而这 20% 的部分就是稀缺。

1. 捕捉 20% 的机会，聚焦 80% 的财富

19 世纪末，意大利一位经济学家巴莱多，对 19 世纪英国人的财富和收益模式进行研究，在调查取样时他发现，大部分的财富流向了少数人手里，在其他国家的资料中，他发现这种微妙关系一再出现，而且在数学上呈现出一种稳定的关系。

从大量的数据中，他发现这样一个规律：财富在人口中的分配是极不平衡的，社会上 20% 的人占有 80% 的社会财富。他认为在任何一组东西中，最重要的只占了其中一小部分，大约是 20%，而其余的 80% 尽管是多数，却是次要的。只要能控制具有重要性的少数因子，就能控制全局，这就是如今广为人知的二八定律。

除了财富分配不平衡现象之外，我们生活中也有很多不平衡现象可以用二八定律来解释。比如，全世界 20% 的人喝掉 80% 的啤酒，企业 20% 的顾客可以带来 80% 的利润，20% 的人口和 20% 的疾病会消耗掉一个国家的医疗体系中 80% 的医疗资源，等等。

根据二八定律，企业在生产经营过程中，要把主要精力集中在解决主要问题上面，抓住能给企业带来 80% 利润的只占 20% 的关键客户，这样才能达到事半功倍的效果。当然，对于个体来说也是如此，如果能够精准地抓住那 20% 的重要收益来源，那么财富管道便会在无形中被扩大了数倍。

2. 识别稀缺，为自己捕捉创造财富的契机

从本质上来说，这 20% 的收益来源就是稀缺，稀缺即是财富之

源。那么，稀缺又是什么呢？

我们可以这样定义：稀缺是人们在某段时间内所拥有的资源数量不能满足自身欲望时的一种状态，体现为人类无限欲望与有效资源之间的矛盾冲突。稀缺代表着难复制性，数量上的有限和稀少。不过，稀缺和数量少也并不是完全对等的。也就是说，数量稀少并不等同于稀缺。事实上，唯有数量稀少，且为人们所需，而人们又对此达成了一致的认知时，这些"稀少品"才在真正意义上成为了"稀缺品"。

举个例子来说，为什么有些城市的房价非常高呢？这是因为，前者的居住人口较多，居住是刚需，土地资源有限；而随着居住人口的持续增多，可用于居住的土地越来越稀缺，于是房价越来越高。

稀缺品的稀缺性保持在一定的周期内。比如，过去，人们将贝壳作为商品交换的货币，因为贝壳在当时产量非常少，属于稀缺品范畴。随着人类的发展，人们可以非常容易地获得贝壳，贝壳不再是稀缺品，它自身的价值随之下降。即使是近年在虚拟货币市场上被热炒的比特币也是如此。比特币 2021 年初的价格突破 43000 美元，部分机构预测比特币的未来市场可能涨至 16 万美元。

出现上述现象和趋势预测的个中原因，除了有资本机构的热炒、加持和推波助澜之外，还有一个重要原因就是它在总体数量上的有限性，使之成为一种稀缺物。因为稀缺，所以价高，且具备了保值增值功能。比如大城市的房产，优质公司的股权，传世的名表字画，长久不衰的作品，旗下的优秀人才……这些都可能成为让财富得以保存并增值的稀缺物。

我们也可以让自己成为稀缺资源。比如一些自媒体作者，他们也可以让自己成为稀缺自媒体。这些作者可以对个人影响力进行投资，持续打磨自身，持续输出优质信息，而后持续获得更多推荐，吸引更多人的注意力，由此成为一种稀缺资源。

所以，从财富创造的角度来说，我们要学会准确识别稀缺，发现价值，发掘财富的来源；同时，要适时地捕捉稀缺，把钱多花在那些能保值增值的东西上，而不是持续贬值的东西上；还可以让自己本身成为稀缺资源，积极主动地拓宽财富涌入的管道。

3. 保护财富蓄水池，防御稀缺的负面冲击

稀缺一方面可以成为财富创造的管道，另一方面可以成为冲击原有财富蓄水池的巨石。因为，如果我们的积蓄较少，未能给财富蓄水池做好防护，那么，你的抗风险能力越弱，你因稀缺而感受到的冲击影响越大，最终难以守住自己手头已有的财富。

假如金钱对你来说是稀缺的，那么为了避免上述情况发生，你就需要考虑持续积累，积少成多，形成存款蓄水池，以备不时之需；即使手头不够宽裕，也要尽量储蓄，全力避免自己沦为"月光"族或过度透支信用额度。

虽然稀缺给人造成的负担非常沉重；但如果了解了稀缺的内在逻辑，我们便可以在一定程度上缓解其负面影响。我们可以在一定程度上对周遭环境进行"稀缺防御"。比如，为新生儿设置保险或教育基金，这类一次性规划很可能给我们带来持久的回报。很多人说："哎呀，手里没有余粮，没法规划基金或保险啊！"其实，这都是因其对稀缺本身不够重视而已。

事实上，此类预先规划并不一定要等存了很多钱时再去做；蓄水池里的水少，但总好过一滴也没有。如果蓄水池里什么都没有，那么有朝一日，当真的被金钱稀缺突然袭击时，所受到的冲击力度会非常大，甚至彼时已经无力承受。而如果一个人在资源尚且充裕或者有入账时，提前做好应对稀缺问题的方案或缓冲机制，那么其操作难度要相对小一些。

除了金钱稀缺以外，在其他稀缺方面的防御也是同样的道理。如果我们预期到了自己在哪些方面可能存在稀缺，那么就可以在这一方面进行防御设计，由此提高自己迎战稀缺冲击的可承受力。

我们要明确一点：财富获取的本质是价值的交换，越是稀缺的且大众需求的东西，其价值越高。真正认识到稀缺的意义，这是非常有助于我们的财富获取与风险防御的。

第六章
财富增长的快与慢

　　如果把人生比作一场赛跑，那么，赚快钱如百米冲刺，讲究的是极速爆发；而赚慢钱则如马拉松，讲究的是长久积累。如果要在财富增长的速度上做选择，那么相信很多人会选择快速增长，也就是赚快钱。然而，也有一些人并不会做非此即彼的选择，他们会让快钱和慢钱一起赚。在财富之路，我们既要捕捉一次暴富的机会，也要耐下心来持续积累。

第一节　赚快钱与赚慢钱的决定性因素

如果快钱和慢钱二选一，很多投资者会选择前者。什么情况下可以赚快钱呢？快钱又是由什么来决定的呢？

1. 市场需求趋大时，出现快钱机会点

快钱的机会点在于市场当下的高价值需求。因为趋势本身并不会自动转换为企业的机会，那些具有群体规模性的高价值需求，才能成为值得我们捕捉的机会点。所以，精准识别并满足这种需求，才能抓住赚快钱的机会。

那么，如何判断需求的价值呢？一般可以从三个方面来判断：消费频次、刚需、技术壁垒。一般而言，消费频次越高、刚需特征明显、容易进入壁垒，那么，这类需求就越有价值——如果从这类需求入手，往往更容易赚快钱。

高频次需求是指消费者在很长一段时间内都需要购买此类东西或服务。比如，生活领域中关于衣食住行的需求内容，蔬果粮油、婴幼儿奶粉等都是需要频繁消费的，是比较典型的高频次需求的产品。这类产品市场一般不会枯竭。而且因市场需求量较大，如果从这类需求

切入，往往更容易打造规模效应和知名度，相对更容易赚到快钱。

刚性需求是指在市场供求关系中这种需求很少受价格影响，或者说，消费者购买时并不过于关注价格变动因素。

举例来说，口罩属于刚需产品，各类医疗卫生场所、食品加工场所、工业制造场所等都需要长期使用此类产品；在夏季防晒、冬季防寒、日常防尘等方面，口罩的使用范围也非常广泛，如今已经成为部分普通民众的日常消耗品。

在 2020~2021 年的全球疫情期间，口罩、防护服等物资处于供需失衡状态。为了解决防疫刚需问题，包括上汽通用五菱、富士康、比亚迪、正业科技等企业也纷纷加入了"口罩制造大军"。据天眼查数据显示，仅在 2020 年 1 月 1 日至 2 月 7 日，全国已经有超过 3000 家企业生产范围新增了"口罩、防护服、消毒液、测温仪、医疗器械"等业务，积极研发和调试自动化生产设备，组织安排人员加急投入生产工作中。

还有一种需求就是壁垒性需求。这种需求是需要借助一定水平的技术才能实现的。比如，电动汽车便属于高技术壁垒属性的需求，而酒精湿巾则属于低技术壁垒属性的需求。企业进入电动汽车研发领域的壁垒很高，虽然有市场需求且可能赚到高额收益，但是从投入到获得回报的周期相对较长，很难赚快钱；而酒精湿巾这类产品的研发难度相对较小，虽然售价低廉，但是可以快速获得收益回报，可以实现赚快钱。

2. 面向趋势变化，捕捉快速获利的机会

在本书开篇时提到过行业生命周期的问题。一般而言，在不同的时期，投资主体宜选择的财务战略是不同的。比如，在初创期，投资主体的投资较大，启动成本较高，往往需要流出较多现金，但是营收周期还有待时日检验，自然很难赚到快钱；在衰退期，更需要考虑如何保持现金流或撤回资金，常常会出现"亏本大甩卖"现象，也是难以赚到快钱的。所以，要想快速获得盈利，并聚集财富，那么必须识别势能、顺势而为。

以直播电商为例，电商直播是从 2016 年开始探索的。当时，部分电商平台开始通过"直播＋内容＋电商"模式，以求降低获客成本，同时强化老客户的黏性。2018 年，快手、抖音等短视频平台开始通过直播流量，来快速变现。2019 年开始，各平台持续加码，再加上各地政策支持、头部主播凸显，由此进一步推动了直播的爆发式发展。

2020 年，各资本机构开始全产业链布局直播电商赛道，直播电商相关的投资数量及金额在快速增长。有数据显示，在中国各直播电商领域平台中，获得融资的平台共计 23 家，融资总额超过 11.7 亿元人民币。

在这一年里，各大平台也纷纷加大了对直播的扶持力度。比如，

淘宝直播宣布对全国所有线下商家以零门槛、免费入驻、免费试用运营工具，并发出档口直播招募令；抖音向线下商家推出了"10亿直播流量扶持计划"，启动了小店零门槛开发和冷启动流量扶持等计划。

电商直播在专业商品展示、实时互动反馈等方面的突出优势，也使得网购用户对电商直播的接受度比较高。据统计，2020年直播电商整体规模突破万亿，预计未来两年里直播电商的规模将持续扩大，渗透率更高。

当然，电商直播不仅对商家、平台是一个很好的趋势和机会，对于从业者而言也是如此。电商主播的准入门槛不算高，但平均薪酬不低。明星带货、企业高层或政府官员走入直播间，这类直播带货活动更是引爆了电商直播行业的发展。2020年7月"直播销售员"被国家人社局认证，主播已经成为一种热门职业。多地政府明确提出要打造"直播电商之都""直播经济总部基地"，并出台了一系列直播电商人才培养的扶持政策。

可以说，无论是从行业发展角度、资本角度、电商平台角度、直播从业者角度来说，直播目前的获利表现是比较优秀的。不过，还是要提醒大家：任何行业都有其生命周期，趋势也会潮涨潮落。想要快速获利，一定要准确把握趋势变化，去选择适合的投资；或者探索自身优势与趋势的结合点，在创新中求发展，也可以让自己多一点获利机会。

3. 进入赚快钱的市场，再做慎重选择

相对于大部分市场领域来说，有一些市场本身就是赚快钱的市场，如股票、基金市场。在这个市场上，快钱永远处于躁动不安的状态。在这个市场上，只要有获利机会现出苗头，资本便会跃跃欲试、蜂拥而上，快速形成资金聚集。一般来说，想在股票、基金市场赚得营收，必须关注两个方面，从中寻找快钱获利机会。

一个方面是当下的政策趋向。有时候，在政策调整扶持下，会形成对行业的重大利好，从而带来赚快钱的机会。2020 年开始，中国经济进入"新基建"发展阶段，5G 基站建设、特高压、城际高速铁路和城际轨道交通、新能源汽车充电桩、大数据中心、人工智能、工业互联网七大领域成为众人瞩目的科技概念。我们观察过去一年的科技板块可以发现，科技版块的表现大体可以算是持续走牛状态。所以，关注政策趋向而做出跟随性选择往往是相对准确的。

另一个方面是当下消费行情。消费行情主要是针对民众的正常生活所需。消费行业行情可以在短期看到，但也有时候短期内行情不明，这时便可以拉长周期去观察。一般来说，持续多年的金牛股票或基金往往出自大消费板块。因此，即便近年科技板块表现漂亮，但是仍然很多投资者会在能力圈布局大消费板块，如白酒、医药生物、农业等。

需要提醒大家的是，赚快钱看似让人痛快，但是真正让快钱落袋为安的人仅在少数。因为，快钱"来"的速度快，同时也意味着

"去"的风险大，去的速度也快。

事实上，快钱的赚取周期往往稍纵即逝，而普通人很难把控快钱的止盈点和止跌点。追涨杀跌，这是股市"韭菜"的常态做法。据不完全统计，有 80% 的散户股民并未在股市中赚到钱。也就是说，如果能够赚到快钱，这当然是极好的。但同时也要理性认识到：大部分人是赚不到快钱的。

第二节 实现持续盈利，方为财富之道

巴菲特曾经说过，迅速变富并不容易，而慢慢地变得富有是容易的。对于大多数人来说，我们还是建议持谨慎的投资态度，持续丰富自己的认知，理性地探寻更为稳妥的财富通道，让自己慢慢地越来越富有。在财富积累的过程中，实现持续盈利，这是比赚快钱更靠谱的财富增长模式。

1. 趋势投资与价值投资的相对快慢

华尔街教父本杰明·格雷厄姆说："市场短期来看是投票机，长期来看是称重机。"他描述的是最根本的市场运行规律。这句话是什么意思呢？意思是说，如果看短期盈利，那么就如同选美投票。如果大家认为这支股票当下的表现较好，那么就会把选票投给它，市场资金就会冲过去。而如果关注长期盈利，就需要考虑投资价值情况——因为那些真正高价值的企业或产品投资，会吸引到更多资金的关注，持续升值，投资者才会因此获得持续盈利。

但是，为什么高价值的投资获得回报的速度是相对较慢的呢？

我们知道，价值投资的基本方法是：在价格相对于价值有足够折扣时进行买入操作，在价格回归到价值时进行卖出操作。而价格向价值回归这个过程并不短，遇到劣质投资可能长期亏损，有时甚至血本无归。所以，与直接关注价格变动的趋势投资相比较而言，价值投资的收益速度是相对慢的。

2. 保障盈利的确定性，慢即是快

慢和快本身都是一种表象。在投资过程中，我们很难直接对"快"进行目标分解，步步为营地实现目标。因为，投资本身存在风险，意外亏损随时可能发生；原本取得的盈利很可能在意外发生之时消耗殆尽。所以，"慢即是快"，这个说法有一个底层逻辑或者说前提，那就是投资盈利的确定性。

我们假设某个投资最终结果大概率是盈利的，那么只要行动者稳步向前推进，不要进一步退两步，往往可以最终获得一个令人惊艳的结果。以道琼斯指数为例，从1900年初的68点上涨至2020年年底的28500点左右，虽然其年复合收益仅为5%左右，但长期盈利结果却非常可观。所以说，最终盈利结果的确定性才是慢转化为快的关键所在。

那么，又该如何从长期角度确保最终结果的盈利呢？答案是选择优质的投资项目。

3. 选择优质的投资项目，才能保障持续盈利

一些投资者非常关注高价值，但对企业质量因素却并不关注。于是，他们常常会以低于账面价值的价格购买有形资产或股票，然后在其后者价值回升至投资价值附近或高于投资价值时再行出售获利。这种投资法被称为格雷厄姆式"雪茄烟蒂"投资法——捡一个，吸两口，再扔掉。

从理论逻辑的角度来说，这种投资方法并没什么不对；但在实践中，它有时会导致投资物成为投资者的负累。比如，巴菲特曾经亲自管理一个被收购的企业，但后来证明这个低质的企业耗费了他大量精力，也使他失去了很多投资机会。这给他一个启示：选择投资时要选择优质的投资。而这个启示后来直接影响了他对喜诗糖果的投资。

喜诗糖果是一家于1921年创办的糖果生产企业。1949年创办者查理去世时，该企业已拥有78家店铺和2个生产工厂。在接下来的20年里，喜诗由查理的两个儿子共同经营，兄弟俩持续扩张规模，将店铺范围拓展到临近的几个州，店铺数量增长到150家。哥哥去世后，弟弟开始考虑转行。

最初，巴菲特拒绝收购这家企业，但是伯克希尔的子公司蓝筹印花公司的拉姆西表示非常看好喜诗糖果。在同查理·芒格协商后，巴

菲特于 1972 年拥有了喜诗糖果 67.3% 的股份，剩余 32.7% 的股份也在数月内被他纳入囊中。当时，喜诗糖果只有 800 万美元的有形净资产，而年度税后回报是 200 万美元。双方以 35 美元 1 股成交。喜诗糖果当时有 100 万股份，账上还趴着 1000 万美元的现金，每股净价其实只有 25 美元。巴菲特将为喜诗糖果支付溢价这一投资，称为"最具代表性的价值投资策略转折点"。

后来，查理·芒格这样评价对喜诗糖果的收购行为："溢价购得喜诗糖果事实证明是成功的。但两个连锁百货商场以低于清算价格买入，事实证明是错误的。这两个事情帮我们转变了思维方式，愿意支付较高的价格去购买更好的企业。买一个好的企业看着它成长比廉价买一个烂企业并花费时间、精力和更多的钱摆平它要容易得多。"

一般来说，投资者选择优质投资或优质赛道时，其早期投入会相对多一点。但从持续盈利角度来说，这种选择却相当于选择了一个带有强大护城河的财富城池，未来获利会更轻松、更可靠、更稳定。

第三节　谋划长期投资，引发财富爆炸

在现实中，很多人对金钱和所谓成功的渴望，使之不愿意用太长

的周期去等待回报，这便影响了资本的使用效率和性能的发挥。而事实上，真正让个体财富实现爆炸性增长的，恰恰是长期投资。

1. 锚定长期投资，抵抗通货膨胀压力

40 年前，"万元户"是今天的"土豪"；40 年后，人们把"万元户"归在了温饱线，这实际上都是通货膨胀作用下的结果。

在经济学领域，通货膨胀是指社会整体物价水平持续性上升。简单地说，通货膨胀就是物价水平上涨，钱不再像过去那么值钱了。对个人而言，通货膨胀是财富缩水的重要威胁因素。

一般而言，温和的通货膨胀是经济发展的必要条件，2% 的通货膨胀率属于合理水平。但是，每年的通货膨胀率不可能永远保持平衡，总是有高有低的。当通货膨胀率较高而个体的财富增值速度又无法相抵时，个体财富的购买力就相对下降了。

巴菲特曾在一次接受采访时这样说："美元总是在贬值的，10 年、20 年、30 年，虽然不是一文不值，但确实是越来越不值钱。"网站 Visual Capitalist 的研究创始人 Jeff Desjardins 曾列举了美元每十年的贬值情况，如表 6-1 所示。

表6-1 美元每十年的贬值情况

时间跨度	1美元的市场购买力
1900~1910年	一双品牌皮鞋
1911~1920年	一套女性休闲服
1921~1930年	5磅糖
1931~1940年	16瓶罐头

续表

时间跨度	1美元的市场购买力
1941~1950年	20瓶可口可乐
1951~1960年	一个玩偶
1961~1970年	两张电影票
1971~1980年	三份快餐
1981~1990年	一瓶亨氏番茄酱
1991~2000年	一加仑牛奶
2001~2010年	一个汉堡
2011~2020年	一首歌

我们从上表中可以清楚地看到，伴随着美国印钞票的速度，美元的购买力以惊人的速度在降低。120年前，1美元可以买一双品牌皮鞋；50年前，1美元可以买到三份快餐；而到了2020年，人们账户中的1美元连一个汉堡都买不到了。

所以，要想让财富跑赢通胀速度，让自己已经持有的财富能够保值，那么就必须面向长远的未来，去进行系统的投资布局，寻找更为理想的、可以实现长期回报的投资品。

巴菲特曾提出了一种非常容易操作的抗通胀模式：定期定投一些低成本的大盘股票指数基金。特别是对于投资小白来说，可以尝试从第三方投资平台上选择"金选"基金、"老牌牛基"——这类基金是被挑选出的相对优秀的基金，省去了投资小白的选择难题，降低了进入门槛，操作起来较为简单。如果投资者不为短期收益所左右、长期持有，那么这类基金往往会给投资者带来不错的收益。当然，投资需谨慎，建议投资小白持续关注，在自己可以承受的风险范围内先进行小额尝试，再做长期投资规划。

2. 围绕人类生命周期，创造终身收入

随着全球人口老龄化的趋势加剧，各国退休年龄在逐步延迟。按照目前的人类寿命预期，很多人可能要在退休年龄之后再活二三十年，这就需要有二三十年的持续收入来维持退休后可能仍在持续增长的生活支出。也就是说，作为一位普通人，必须学会保护自己，让自己真的拥有一份终身收入——即使自己比以前的人活得更久、更长寿，也不用担心"人还在，钱却花完了"。

什么是终身收入呢？就是人们在自己有生之年可以获得的持续稳定收入。那么，是否有一种规划可以持续那么长久呢？事实上，在经济学家的领地上，早已创造了很多相关产品，等待我们去发现。

比如，很多上班族每个月由企业、机构和自己按比例共同缴纳的社会保险。按照现行规定，我们在退休年龄到来之前，累计缴纳养老保险至少满十五年，即可按月领取一份养老保险金。只要人还健在，就可以一直按月领取。

当然，如果个人认为仅仅依靠社保养老的收入尚不足以维持自己想要的退休生活品质，那么还可以再规划一些年金保障。各保险公司的年金保险产品和基本社会保险的性质相似，根据缴纳年限和缴纳金

额而设定未来收益区间（甚至列明身故保障金），这就相当于为自己扩大了终身收入。

第四节　面对财富增长，耐心从容，不骄不躁

马拉松需要稳步积累，也得注意拼抢速度。我们既需要从快钱中迅速汲取财富，也需要从慢钱中孕育力量。说到底，无论快钱、慢钱，能赚到手的都是钱。能赚快钱时就迎头赶上，见好就收；该赚慢钱时，也要能沉得住气，相信来日方长，才能有细水长流。

1."财不入急门"，要保持耐心

快钱暴露的是人性的弱点；而当人们习惯了赚快钱时，他们往往很难再平心静气地赚慢钱。举个简单的例子，很多炒房客每个月靠收租就能轻松赚到一大笔钱，这就使他们难以静心去赚个少少的工资——将工作视为日常解闷的工具而已。

还有一些股市里的散户，初入股市时稍有收获，于是头脑发热地辞职在家专门炒股。不可否认，的确有一些成功的职业股民，也有一些创造了高回报率的投资顾问，但是不能持续盈利的股民基数却是更大。而后者往往因尝到了赚快钱的一丝甜头，而忽视了一时高收益所隐藏的大风险；因急于赚快钱，而热衷于频繁的短期交易，最终因盈

亏同源而快速地将盈利和本金赔出去。

需知，投资领域有一个规律：资金常常是从交易活跃的投资者流向那些有巨大耐心的投资者。那些有巨大耐心的投资者往往会在标的被市场整体低估的阶段即重仓买入，他们优先考虑的并非赚到快钱，而是等待价值回归和投资价值重估。

财不入急门，那些长期获利的投资者都是有着非一般的耐心。

巴菲特是典型的长期持有者。他的股票类型可以分为三个圆圈：其中，核心圈是他会一生持有的股票，他只对 4 只股票曾声明过会"终生持有"；第二圈是长期持有 10 年以上的股票；而第三圈则是长期持有几年但不到 10 年的股票。

虽然巴菲特对第三圈股票也是有一定把握的，但没有长期的把握。比如中石油，从 2003 年 4 月初开始，巴菲特通过伯克希尔公司不断增持中石油，一共入股了近 5 亿美元中石油股票；2007 年，巴菲特将其全部抛出，赚得 40 亿美元。巴菲特看中的是中石油发放的红利极为丰厚，相对于当时低迷的股价而言，其股利收益率算是非常高了。

从巴菲特可以看到，所谓"长期持有"的耐心，是建立在有把握的基础上；而后再考虑是终生持有，还是持有数年、十年。保持耐心，才有机会看到财富入门。

2. 保持理性与谨慎，不偏信运气

一些投资者虽然年龄不小，在日常生活中非常谨慎，但在投资时却非常冲动，脑袋一热就急速入场。他们急于复制别人的成功，生怕被同龄人抛弃，但却惰于学习与系统思考。

以乐视网为例，该公司2010年8月上市，到2015年牛市巅峰之时，5年时间股价最高涨了46倍。在该公司发展的巅峰时期，其同时在手机、新能源汽车、电视及内容、共享出行等四大领域出击。当时，不少投资者在二级市场上持续买入，生怕错过自己此生暴富的契机。2015年，乐视网的市值一举超过1500亿元人民币。在一场投机的大潮中，很多投资客轻轻松松地登上了财富的巅峰。然而到了2018年底，乐视网市值却跌至100亿元人民币，跌幅超过90%。

投资是一个看起来很简单却很危险的项目。如果看别人热热闹闹入场，自己不思风险几何，直接跟随而入，那么，很难保证自己时刻幸运加身、财富运相随。

我们在投资时，可以如小马过河般去试试水，但绝不可忘记为自己做好防护和后续准备。毕竟，只有在潮水退去的时候，我们才更方便测算水之深浅，才能更明显地看到是否有人在裸泳。保持理性与谨慎，这应当是每一位投资者的基本素质修养。

3. 投资不设限，不限于老幼和多寡

每次说起投资时，我们经常会听到这样那样的顾虑，觉得自己太小或太老，不敢投资；觉得自己钱少，没法投资。

不投资的理由 1：我家孩子或者我还小，现在投资有点早吧？现在学习投资有点早吧？

好吧，我还是以巴菲特为例。很多人也许不知道，在巴菲特 633 亿美元的财富中，有 627 亿美元是在他 50 岁之后挣到的，其中 600 亿美元是他 60 岁之后挣到的。而这都是他在年轻时进行布局的结果。

1941 年 12 月 7 日，日本轰炸珍珠港。这一年，巴菲特 11 岁，他以 38 美元的价格，为自己和姐姐各买入 3 股城市服务公司的优先股。后来，股价下跌了将近 30%；当股价回到 40 美元，巴菲特将其卖掉。几个月后，这只股票的股价飙升到了 200 美元。

1964 年，巴菲特成为伯克希尔的控股股东，当时伯克希尔股价是 16 美元；1970 年末，伯克希尔的股价是 41 美元；至 2021 年初，伯克希尔的股价已经达到 35 万美元。也就是说，如果有人在巴菲特控股伯克希尔之后投资 1600 美元，长期持有，那么他今天的财富将增长至 3500 万美元。

但是，有几个人能精准地抓住这样优秀的投资标的，又持有这么长时间呢？很少有人做到。人们往往认为投资太过复杂而放弃学习，

但如果人人如此，又如何实践验证投资的可靠性，进而获得高收益结果呢？学习和践行皆需要时间去经历和试错，切勿因年纪小而故意延迟学习投资与实践。唯有尽早学习投资并践行，验证过成功与失败，才能更快地找到准确的方法，降低试错成本，让自己更早地走向财富自由之路。

不投资的理由2：我现在很老了，现在投资是不是有些晚了呢？

如果你在年少时未学习过投资，未参与过投资践行，甚至到年老退休时仍然未实现财富的大额增长，那么，从现在开始学习与践行也不算为时太晚。

不过，此时的你必须有效控制试错成本，避免自己的退休金损失过多，后续没有时间赚回来，影响自己的生活质量；同时，对营收与损失都能保持平静的心态，避免过于兴奋或焦虑而影响身体健康。

不投资的理由3：我现在"月月光"，哪有闲钱投资，等我有钱再投资吧？

这种认知是弄反了因果关系。实际上，月月光或存款较少，往往都是因为人们在花钱或存钱方面存在着错误的思维方式。一方面，喜欢冲动消费，经常购买一些不必要的东西，使用频率较底，甚至买回来后便束之高阁。与此相对的是，又吝于投资那些有助于个体成长的东西。好钢没有用在刀刃上，有效的资金被浪费在不必要的事或物上了。另一方面，单靠工资去存钱，这种方式的效率非常低下。事实上，如果一个人只靠工资收入存钱，那么可能等到退休时都未存够本金。如果能够在获得第一笔收入时就开始聪明地理财，那么就可以更快速地积累和增加自己的财富量了。

综上所述，我们完全不必介怀于投资者的年龄，也不必纠结于自己当下的资金量是否稀薄。现在去做（学习、试水），就好！对于未来而言，现在是投资或练兵的最好时刻。

第七章
滚雪球，创造复利效应

复利就是把所赚到的钱再进行投资，让钱再生钱。爱因斯坦曾经说："复利是世界第八大奇迹。"如果能让复利的车轮持续转动起来，那钱就会自己生出更多的钱，让金钱为我们工作。

第一节 以复利的力量，创造财富奇迹

所谓"复利"，是指在计算利息时，某一计息周期的利息是由本金加上先前周期所积累利息总额来计算的计息方式，也即我们通常所说的"利滚利、钱生钱"。

1. 认识复利，体验神奇的力量

在正式认识复利之前，我们先看几个趣味小题：

a. 假设一张 0.04 米的足够大的普通纸，将其对折、对折再对折，重复对折 64 次，那么最后会有多高呢？

这张纸的厚度为 0.04 米，非常薄，似乎可以忽略不计。对折完成后能有十几米？事实上，如果真的能够将这张纸对折 64 次的话，最终得到的高度将是 166020696 万千米。

b. 假设一个池塘里有一小块浮萍，它的面积一天增大一倍。到了第九天时，它长至池塘水面的一半，那么第几天可以长满整个池塘呢？

答案是第十天。虽然第九天才覆盖了池塘的一半水面，但仅仅需要一天时间即可覆盖整个池塘水面。

c. 假设一个人有一美元，每年的财富会翻一倍：1 年后，1 美元增值为 2 美元；2 年后，2 美元增值为 4 美元；3 年后，4 美元增值为 8 美元……那么，20 年后，这个人的 1 美元会增值到多少钱呢？

答案是：最初的 1 美元变成了 1048576 美元。

在这三个情境假设中，每一次变化看似只有"一点点"，但结果呈现出令人难以置信的神奇力量，这恰恰是复利的作用所在。股神巴菲特非常在意这"一点点"，每年累积、长期累积，最终创造了惊人的财富回报。《伯克希尔股价增长表》列出了伯克希尔的股价增长情况，如表 7-1 所示。

表7-1　伯克希尔股价增长表

年份	伯克希尔股价年度增长率（%）	伯克希尔股价累积增长倍数
1965年	49.5	1.5
1966年	−3.4	1.4
1967年	13.3	1.6
1968年	77.8	2.9
1969年	19.4	3.5
1970年	−4.6	3.3
1971年	80.5	6.0
1972年	8.1	6.5
1973年	−2.5	6.3
1974年	−48.7	3.2
1975年	2.5	3.3
1976年	129.3	7.6
1977年	46.8	11
1978年	14.5	13
1979年	102.5	26
1980年	32.8	34

续表

年份	伯克希尔股价年度增长率（%）	伯克希尔股价累积增长倍数
1981年	31.8	45
1982年	38.4	63
1983年	69	106
1984年	−2.7	103
1985年	93.7	200
1986年	14.2	228
1987年	4.6	238
1988年	59.3	380
1989年	84.6	701
1990年	−23.1	539
1991年	35.6	731
1992年	29.8	949
1993年	38.9	1318
1994年	25	1648
1995年	57.4	2594
1996年	6.2	2755
1997年	34.9	3716
1998年	52.2	5656
1999年	−19.9	4530
2000年	26.6	5735
2001年	6.5	6108
2002年	−3.8	5876
2003年	15.8	6804
2004年	4.3	7097
2005年	0.8	7154
2006年	24.1	8878
2007年	28.7	11426
2008年	−31.8	7792
2009年	2.7	8003
2010年	21.4	9715
2011年	−4.7	9259

续表

年份	伯克希尔股价年度增长率（%）	伯克希尔股价累积增长倍数
2012年	16.8	10814
2013年	32.7	14351
2014年	27	18225
2015年	−12.5	15947
2016年	23.4	19679
2017年	21.9	23988
2018年	2.8	24660
2019年	11	27273

在上表中，第 2 列是伯克希尔股价每年的增长率，例如 1965 年增长了 49.5%、1966 年下跌了 3.4%。第 3 列是伯克希尔累积的股价增长，如果在 1965 年初投了伯克希尔 1 万元，那么到 1965 年末，他的财富会增长至 1.5 万元，至 2019 年末他的财富大约会增至 2.7 亿元。

一般来说，伯克希尔股价增幅都会超过标普 500 指数增幅，财富增长速度非常惊人。即便从 2019 年开始，伯克希尔的股价增幅表现账面价值的增幅是 11%，低于标普 500 指数增幅（31.5%），鉴于其上一年财富体量之大，其在这一年创造的复利收益仍然相当可观，这就是复利背后隐藏的巨额财富密码。

2. 创造复利效果的三大重要因素

复利看起来很简单，世界上这么多知道复利的人，但只有一个巴菲特，说明实现复利并不容易。概括地说，神奇的复利效果通常要在三个重要因素影响下才能实现。

（1）长期持有

在短期内，复利的收益业绩在短期内并不太明显。比如，一些短线投资者在短期内获得的收益非常高，能够实现50%~100%收益持有率的也大有人在。但是，如果从长期收益去评估，短线投资者的总收益却很难比得过长期复利投资者。因为，这就像我们在第六章论述的那样，如果能够长期持有优质项目，那么复利效应会被更充分地呈现出来。

刘元生被人们称为"A股最牛散户"。1988年，刘先生在万科股份制改革时买入万科原始股，投入360万元人民币。这部分股份到2014年时，已经升值到10亿元人民币；到2018年1月，升值到54亿元人民币。刘元生回忆说："在1991年（万科）正式上市之后，很快涨到七八块，后来涨到二十多块，很多朋友就卖掉了。"而刘元生30年后，赚得了1500倍收益。

我们假设原始股的成本是1元，那么在万科的股价达到20多元时，持有者的收益已经达到20多倍。此时，人们选择离场也属正常。但是，如果回过头再看，我们会发现：当时的股价实际上仍然是低点。就像很多人说"当时的山顶，到后来才发现不过是山脚。"由此足见复利效应在长期状态下积蓄的强大威力。

（2）持续盈利

复利效果的第二个主要影响因素是盈利。近年来，随着互联网独角兽的兴起，传统的投资理念逐渐被颠覆，很多企业在巨额烧钱的过程中实现了从零到千亿市值的飞跃。这种获利方式是如何实现的呢？靠其他人出高价接手。虽然这些互联网企业在持续亏钱，但只要后一轮融资估值高于上一轮融资量，那么这些企业就算是盈利了。

不过，目光更长远的资深投资者则会坚持通过企业长期的盈利而收回投资成本。如果持有期间有人以合理的价格接手，亦可考虑卖出；但如果无人接手，亦不会担忧，只需继续持有即可。只要确认处于持续盈利状态，那么复利的魔法就会如潮水一般把钱送到持有者的口袋里。

（3）保证安全

巴菲特说过："投资的第一条准则是不要亏钱，第二条准则是不要忘记第一条。"在复利累积过程中，财富收益的安全性是一个基础性的考量因素。因为任何一次重大的损失都将导致长期财富缩水。

如果巴菲特从 1965 年开始到如今的这 50 多年中多出一次"亏损90%"，那么他如今可能只有不到 100 亿美元的身家，他将不再位列全球富豪的前十名，而会排在 200 名之后。有人可能会说："巴菲特应该不会亏钱吧。"事实上，我们从表 7-1 中可以查到，他在 1974 年就曾亏过近 50%。而在投资领域，因赚的基数低于亏的基数，所以投资者想赚到 90% 的难度要远远大于亏 90% 的难度。

基于此，保障财富的整体安全性、不亏钱，这是一个重要的投资准则。或者说，当意外情况发生时，即使投资者可能会遭受短期损失，但在长期收益角度来说其财富则是相对安全的。"理财理到最后，财被理没了"，这种不安全的理财状态和结果是要坚决避免的。

所以，对投资者来说，长期持有、持续盈利、保障安全，这三个重要因素是保障财富、创造复利奇迹的重点。

3. 持续探索，创造获取复利的收益机会

现在我们知道：如果一个人在经济情况许可的时候，投资的时间价值会给你的资本带来复利增值，而这种复利效应带来的财富增长却无须投资者付出过多的努力。那么，在日常生活中哪些情境可以实现复利效果呢？

（1）金融投资

金融投资的本质就是复利效应。复利效应的说法最早正是来自金融投资圈子。在这方面，前文中已经说了很多。比如，购买股票或偏股型基金都属于金融投资之类，它们的复利效果非常明显。

如果觉得股票基金类的操作复杂、风险高，也可以进行银行定存操作。假如1年期的定期存款利率为2.00%，那么根据"七二法则"，本金翻一倍所需要用的时间为：72÷2=36年。再比如一些互联网平台推出的货币型基金，可以随用随取。银行定存操作和货币型基金的利率不算高，但风险系数较低。从本质上来说，它们也是在通过复利的过程来创造复利效果；只不过，它们所耗用的周期稍长，而且可能跑不过通货膨胀的速度。

（2）实业拓展

有人可能会问："金融领域的数字看起来似乎总是有种虚空感，有没有一种脚踏实地的实践也能去创造复利效果呢？"事实上，能够实现复利效果的投资并不仅限于金融领域，在其他创业领域甚至普通人的日常生活中也可以实现复利。

以创业为例，什么样的创业可以实现复利式创收呢？我们可以参考这个标准来评估：某个产品被输出之后，是可以获得多次收益的。如近年来极为火爆的线上教育培训产品，一个课程产品开发、输出并进入市场之后，便可以多轮无限次播放。只要其内容的适用性仍然被市场认可，那么这个课程产品就可以持续创造收益。这本质上也是一种复利式收益机会。

创造复利收益的机会不仅限于此。我们可以根据自己的需求和风险承受能力，去探索更适合自己的财富创造方式，在复利效应下持续壮大自己的财富基数和规模。

第二节　理性控制收益，找准止盈止跌点

有时候，复利会为我们创造高额的收益，但是一转眼有可能灰飞烟灭，甚至可能还倒贴进不少本金。这给我们一个启示：所谓"长期

持有"过程，偶尔也需要在中场适时操作、恰当把控的；而对于资金持有上难以做长线的投资者来说，这更是需要强化营收或损失方面的控制度。

1. 设定科学的止盈点，让营收落袋为安

没有落袋或不易转换的营收，都不过是纸面黄金；为部分投资设定一个合理的止盈点，落袋为安，这是非常重要的。

什么是止盈点？在股票或偏股型基金投资中，止盈是指当股票或基金的价格涨幅达到某个价格或多少百分比的时候，即刻进行减仓操作，这个位置被称为"止盈点"。

理论上讲，若投资者赚了钱，则说明他对方向和趋势的判断是准确的。此时，即可设置止盈点。如果后期跌破这个点，则立即卖出，让盈利部分落袋为安；如果这个投资项的价格一直没有跌破该点，则继续保留该投资项。当然，在投资项的营收持续攀升的过程中，也要尝试调高止盈点。

比如，一位投资者购买了一只股票，买入价50元，后来涨到60元，持有收益率达到20%。此时，就可以通过设置止盈点来实现盈利最大化。一般，投资者可以通过四种方法来设止盈点：

（1）随价止盈法，即设价位

按照上述假设，在股票涨到60元后即可设定55元为止盈点；如果价格持续上涨到65元，可以再调整止盈点，将止盈设在60元。就这样，逐步调整自己的止盈点，可以最大化地保障营收空间。

（2）涨幅止盈法，即设比例

按照上述假设，上涨到 60 元时，可以设定股票在回调 10% 时卖出。即假如股票从 60 元跌至 54 元时卖出。如果没有跌至 54 元，则继续持有。然后，稳步修正止盈点（一定要严格遵守），使自身利润接近最大化，从容获利离场。

（3）根据时间设置止盈点

即当上涨周期即将结束或时间走到某一关键节点的时候，要及时止盈。

（4）技术指标止盈法

即在超出技术指标的支撑位的时候，投资者必须及时止盈。

在设定投资计划和止盈点之后，投资者一定要严格执行——只有严格遵守财富纪律，投资者才能如鱼入海，在投资之海中自由遨游。

2. 选定正确的大方向，坚持长期定投

在选择了正确的方向后，长期投资和长期持有，这是投资圈的一种常用手法。这种做法的好处是不必太在意时间点，可以实现强制储蓄，在经历一定周期之后会形成微笑曲线，在长期投资的过程中形成相对稳定的收益，等等。

普益财富研究员范杰曾对一年期、三年期、五年期进行定投模拟，根据结果绘制了不同期定投年化收益中位线图，分别如图 7-1、图 7-2、图 7-3 所示。

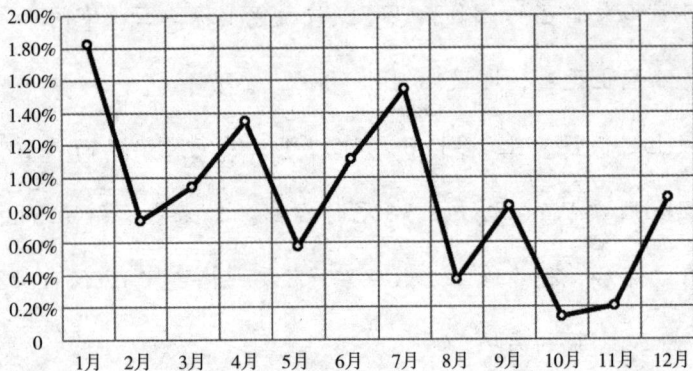

图7-1　一年期定投每月年化收益中位数

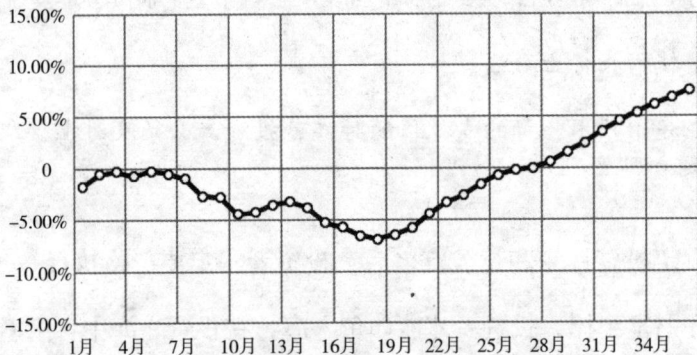

图7-2　三年期定投每月年化收益中位数

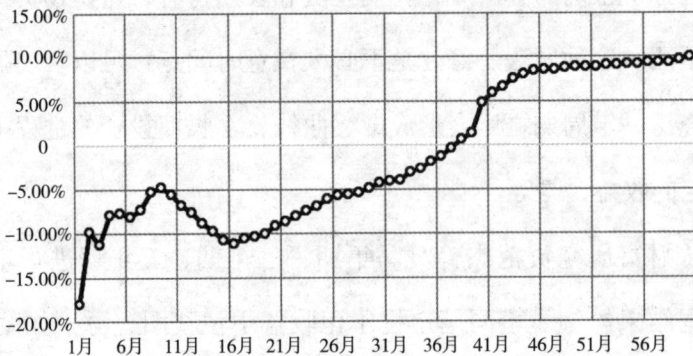

图7-3　五年期定投每月年化收益中位数

从上面三图中可以看到，一年期定投中位数均为正数，但因收益本身波动较大，而且到期收益并不高。三年期年化收益中位数开始呈现出"微笑曲线"的雏形，虽然定投早期经历了亏损，但后面开始逐渐回升。到了最后几个月收益处于持续增长状态，如果提前赎回，收益会降低很多。五年期定投的 46 个月之后，投资者的收益率趋向平稳，最终稳定在年化 10.00% 左右，在三类定投中收益率最高。如果将三者进行比较，五年期定投的优势尤其明显。

在投资领域，特别是基金和股票投资领域，定投是一种让亏损者快速解套的方法。因为，定投具有平摊风险、分散投资的突出特征。所以，当投资者的投资本金出现亏损、又不舍得割肉被套的时候，不妨进行定投，让单份成本持续被摊低，待到市场反弹时就更快解套。

比如，一位投资者对一只偏股型基金进行定投，初始净值为 1 元。

在第一个月时，他买入了 500 元，那么他的买入份额即为 500 份。

第二个月时，因市场行情不佳，净值跌至 0.7 元，那么同样投资 500 元，却可以购入 714.28 份基金。

第三个月时，这只基金的净值跌至 0.5 元，那么此时投资 500 元即可购入 1000 份基金。

此时，经过三个月的定投过程，单位净值成本降到了 0.67 元。

因此这三个月，你的定投成本就从 1 元降到了 0.67 元。换一句话讲，未来这只基金的涨幅只要达到 17%，那么投资者即可进入解套阶段，而不需要等到涨幅 100% 的那一刻。

很明显，在一定周期内进行定投，是有助于降低成本、解决被套问题的。而这有一个前提条件，就是定投基金的标的不错。"选对方向，长期定投"，这绝不是一句空话。如果定投基金的标的很差，那么解套的难度是很大的。

3. 保持投资的理性，必要时及时止损

当投资者发现资金回笼无望时，该怎么办？理性投资者会考虑止损，但是并非所有人都会选择止损，也并非所有人都能选对止损点。

诺贝尔经济学奖项获得者卡尼曼测做过一个实验来验证"损失憎恶"效应。他对一群实验对象说："向空中抛出一枚硬币，如果落地时硬币的正面朝上，你就赢 100 美元；如果落地时硬币的背面朝上，你就输掉 100 美元。"大部分实验对象选择拒绝参加这个实验。对于他们来说，失去 100 美元的恐惧程度，要远远大于得到 100 美元的期望程度。

接着，卡尼曼调整了实验方法。他先给每一位被试发放了 500 美元，然后对他们说："你们现在面临两个选择。一个选择是现在退给我 250 美元；一个选择是通过抛硬币决定。如果硬币的正面朝上，那

么你要把 500 美元全部还我；如果硬币的背面朝上，那么你不用退给我任何钱。"结果，大多数人都选择了抛硬币。

卡尼曼说，人们天生就对"损失"更加敏感。为了避免损失或者找回损失，人们会心甘情愿地去冒险。很多赌徒在输钱之后会越陷越深，陷入疯狂状态，这都是因为他们不安心"损失"，所以会再冒一次险，再赌一把。这个实验给我们一个启示：如何及时止损？在出现亏损时，是应该快速割肉离场，以求立刻止损；还是应该像前文中介绍的那样通过定投等方法来降低成本，以求最终完美解套？

此时，投资者来可以从两个方面来评估和把握。一是投资者要确认投资标的是否长期向好，如果答案是否定的，则要考虑设置止损点，避免持续犯错。二是自己的财务情况是否可以无惧最大损失，如果答案是否定的，也要考虑设置止损点。

当然，设置止盈点和止跌点的时候，需要投资者具有一定的经验；如果幅度设置得太宽和太严，都会影响投资收益效果；而完全不设止盈点或止跌点，也是不成熟的投资行为表现。投资者要根据自身的财务情况和家庭风险承受度等来确定止盈和止损点。一旦到达自己无力承受的位置，那么投资者要及时收手——虽然"割肉"很痛苦，但也要坚决执行既定原则，这样才可以避免更大的损失。

第三节　识别个体贪婪或恐惧的恰当时机

巴菲特有一句闻名投资界的经典语录："在别人恐惧时我贪婪，在别人贪婪时我恐惧。"然而，在现实的交易中，我们又常常会遇到这样的投资困局：今日我的单子有了一些利润，害怕利润回吐，于是撤走了单子进行了止盈，结果事后行情又走了很远，少赚了许多钱。另一日我的单子也有了利润，没有撤走想赚更多的钱，结果行情回返，我的利润吐没了，此时我又会高呼"贪婪害了我，人性的弱点是贪婪"。那么，到底什么时候该贪婪，什么时候又该有所恐惧呢？

1. 抓准投资收益时机，才能减少投资失利

很多投资者都会有一个相同的问题：如果我们在市场低价时买入，等涨到一个相对盈利的位置时，市场开始调整。这个时候，我们应该离场还是坚守？此时，往往众说纷纭，各抒己见。

事实上，如果离场后价格再次上涨，人们往往会拍着大腿说："哎呀，我当时怎么就恐惧了呢！"如果没有离场，在坚守过程中价格越来越低，人们又往往会悔断肝肠："哎呀，我太贪心了，当时那么高的收益率怎么就没收入口袋里呢！"

其实，很多人（散户或菜鸟）往往都是事后诸葛亮罢了。即使再来一次机会，对于个体投资者来说，也很难精准地判断到底何时该恐惧，何时该贪婪。为什么？因为身在投资场内的人往往心态紧张，难以理性地做出判断和预测未来。

我们身边常常存在这样两种现象：

投资者小 A 在上证指数 2000 点时入市，在上证指数达到 5000 点时，一些投资者已经开始离场。然而，投资者小 A 却对自己说："我要再贪婪一点。"结果在两个月后，上证指数跌至 3000 点。

投资者小 B 是在上证指数 2500 点时入市，后续涨到 3000 点时遇到障碍，开始盘整寻求突破，但长期趋势仍然利好。而投资者小 B 认为："大盘不行了。现在不离场，难道等着自己最后被当做韭菜一点点割死吗？"过了一个月，上证指数达到 5000 点。

投资者小 A 过度贪婪，投资者小 B 过早恐惧，两个人白白投资一场，最终玩了个寂寞。这都是心理掌控不足惹得祸。

现实中，投资者可以通过不同的学习渠道，去获得非常多的交易经验、实践理论，并牢记"恐惧和贪婪是投资的大忌"。但是，绝大部分的书籍、视频、讲座在关于恐惧和贪婪的描述上往往都失于浅薄，投资者在现实投资中很难去深度把握这两种心态的适度性。所以，我们将在投资实践中看到，很多投资失利的投资者存在这样四种典型表现：一是赚就跑、亏就守；二是逆势加仓；三是盲目跟风追涨杀跌；四是重仓操作。

在这四种表现中，前两者是因为恐惧，赚了钱怕盈利回吐，同时由于害怕亏损，一旦价格反向运动，迟迟不肯平仓承认亏损，反而怀着侥幸心理逆势加仓，希望趋势能够反转，但往往造成更多的损失。而后两者则是因为人心之贪婪，一看到价格上涨就跟着追涨，或者一看见下跌就追跌，缺少计划地盲目重仓跟进。

在此类做法下，纵然可以获得几次成功收益，但往往只是侥幸罢了——投资者很可能在最终遭受重大亏损。但是，在投资行为发生之初或过程中，如果他们身边有一套科学的系统或投资顾问，为他们进行辅助支撑，提供更理性的投资建议；同时，他们又能为自己树立一个明确和客观的标准，并严格执行这个标准，那么，相信他们定然可以获得不错的投资收益，同时减少投资失利的可能性。

2. 克服人性的天然弱点，拒绝贪婪之心

有人说：伟大投资者最重要的特质是独立性。无可否认，独立性在投资的过程中具有重大的作用，在这个人云亦云的年代，能够在市场变化中独立思考的人越来越少。然而，要成为伟大的投资者，除了独立思考之外，最重要的一件事就是拒绝贪婪。

那些在大牛市里赚到钱，又亏了钱的人，最大的原因是他们不知进退、不善取舍，贪婪让他们赚到了钱，但是之后又将他们拉入深渊。在股市里面搏杀，需要的更多的是常识，而非真理，比如，涨得多了，

势必要跌；跌得过头了，势必会涨。有时暴跌的原因仅仅只是因为它们长得过了头、涨的时间过长而导致的。这就像1987年美国股市大崩盘的时候，巴菲特回答的那样："也许意味着股市过去涨得太高了。"

贪婪是迷失的根源，我们回顾历史，许多人本来可以成就伟大，但最终却毁在贪婪之手。所以，投资最核心的是懂得退出，而不是赚钱。许多伟大的企业往往都是毁于自身的贪婪。

什么都在进化，从农耕文明到机械工业，再到高度发达的信息化文明，人类社会实现了跨越式的发展，物质生活越来越丰富，科技改变世界，科技的进化更是让人不敢相信。世界在不断进化着。

遗憾的是，这个世界上有一种东西是不进化的，这就是人性。就单个的人来讲，人性是可以进化的，比如一些股票投资高手们，通过不断地实战和反思，战胜了人性中固有的恐惧与贪婪，最终进化了自己的人性，成为股票市场的赢家。而大部分的投资者，则永远也战胜不了自己人性中的弱点，作为整体的人类，几千年来其实人性没有进化。所以，在克服自己的人性弱点的过程中，我们也可以逆向思考，借助恐惧贪婪指数分析工具，去探查市场投资者的普遍状态，减少自己的市场风险。

3.借助恐慌指数分析工具，规避市场风险

投资者在什么时候应该感到恐惧？在市场中大部分群体表现出贪婪时。那么，如何量化什么时候市场是贪婪的，什么时候市场是恐惧的呢？

我们以比特币与加密市场的恐慌指数为例，如图7-4所示。

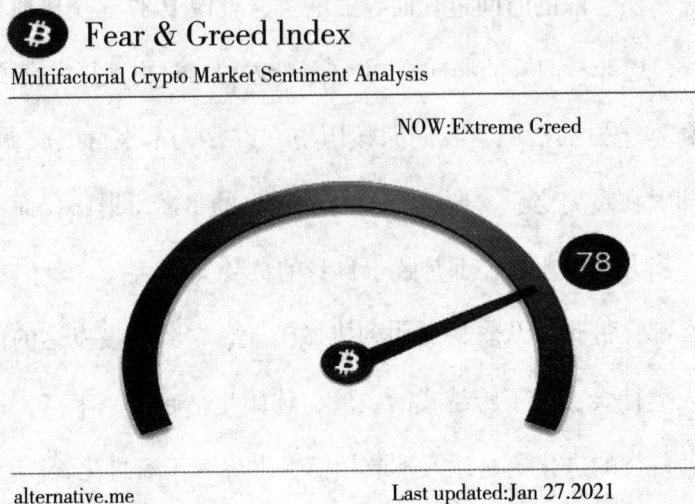

Ⓑ Fear & Greed lndex
Multifactorial Crypto Market Sentiment Analysis

NOW:Extreme Greed

78

alternative.me   Last updated:Jan 27.2021

图7-4　比特币与加密市场的恐慌指数（2021年1月27日）

上图数据表盘中，数值区间为0~100。当数字小于50时，代表着市场恐慌（Fear）情绪较重，数值越小意味着当前市场投资者的恐慌情绪越严重；反之，当数字超过50时，最高可到100，数值越大意味着市场贪婪情绪越严重，人们对比特币的市场态度越乐观、越有信心。

恐慌指数是通过收集来自不同地方的投资者对比特币市场所表现出的乐观情绪或悲观情绪数据，然后进行统计、处理和运算而出来的结果。这个结果生成的参考数据，主要来源于依据波动率（25%）、市场动能／成交量（25%）、社交媒体的情绪反应（15%）、公共投票调查（15%）、比特币主导地位上升还是下降（10%）、谷歌趋势（10%），具有一定的参考价值。

一般来说，当分数越来越高、市场情绪越来越贪婪时，投资者需要考虑离场（卖出或赎回）；当分数越来越低，市场情绪表现越恐惧时，投资者则可以考虑进入投资场（买入或增持）。

总之，在任何时候，投资者都应该敬畏市场，理性看待市场状态，有规划地克服自己的人性弱点，要在熟悉可控的范围内不断提升和完善系统的正确率，同时加大盈亏比，持续获益控险。

第四节　端正风险认知，在可承受范围内投资

投资市场不是只涨不跌、只赢不亏的场所。复利效应会让财富滚雪球一般增长，但是与之对应的风险也是如同滚雪球一般。所以，也要建立财产安全底线，注意风险防范与控制，必要时迅速止损。

1. 明确自己的风险态度，端正风险认知

每个人都有自己的风险态度，比如，风险趋避、风险偏好、风险中立。不同人坚持的风险态度使人们在财富投资方面呈现截然不同的表现。比如，风险趋避型的人会倾向于选择低风险的项目。这类投资者会更愿意接受预期回报率较低的项目——因为这类项目的失败可能性也相对低一些。如果说风险趋避型投资者的表现是一个极端，那么风险偏好型的投资者的表现就是另一个极端。这类投资者并不害怕风险，可以接受大幅动荡，以此获取高回报率。当然，也有一种投资者

秉持风险中立的态度，既不回避风险，也不主动追求风险。

在现实中，很多创业者、投资者会便表现出不同程度的风险偏好特征。

好莱坞有一位非常著名的导演，名叫詹姆斯·卡梅隆，相信很多人都听过他的大名。这位导演最初选择的职业却并不在娱乐圈范围内，而是一名卡车司机。1977 年，卡梅隆观看了一部乔治·卢卡斯导演的科幻影片，名叫《星球大战》。随后，他决定给自己转行——去做电影导演。在他拍摄《泰坦尼克号》的过程中，影片过半但花费已经远远超出最初的预算范围。影片的投资者对于他是否能够拍完这部影片表示非常质疑，故而强烈要求卡梅隆全力压缩电影制作的成本。为了避免成本压缩造成的影片效果不佳，卡梅隆决定不收取任何导演费用。他认为，这部电影一定会大卖特卖的。待《泰坦尼克号》这部影片拍摄制作完毕时，共计耗资 2 亿美元；影片上市后，全球票房收入达到 18 亿美元。按照协议，卡梅隆得到了 7500 多万美元的收入，而他的这次转行和"不收取任何导演费用"的决定也被人们称作"电影史上最大的豪赌"。

风险态度有时是一个人的性格使然，有时也会因受到多种因素（如成长经历、周边环境变化等）的影响而有所变化。比如，一个人在市场利好阶段做了一个投资抉择，获得了不错的收益，那么此时他可能便会显出风险偏好的态度，以期获得更大的收益；如果一个人在市场利空阶段做了一个投资抉择，导致其经济损失惨重，那么他可能自此进入另一种极端的投资状态——极度风险趋避，再也不踏足投资领域。不少谈"股"色变的投资者都经历过这样的过程。

其实，无论是风险趋避、风险偏好，或者风险中立，它们都没有绝对对错。重要的是，知道自己或他人属于哪一种风险态度，在投资时有依据地做出选择，既让自己的投资盈利的欲望在一定程度上得到满足，又可以让自己在最大范围内避免承受过度的风险侵袭。

2. 确认自己的投资风险承受度，不过度挑战

在投资市场上，风险和收益从来都是呈正相关的状态——如果想获得 100% 的收益率，那么也要准备好亏损 100% 的可能。

2020 年 6 月 18 日，一对 80 后年轻夫妻因加杠杆炒作比特币失败，亏光了 2000 万的家产。绝望之余，丈夫杀死三岁的女儿，带着妻子驱车到星海大桥，携手跳海自杀。结果妻子当场死亡，丈夫因撞到桥墩，全身骨折，却意外生还。2020 年 12 月 16 日，这名男子站上了被告席，独自面对漫长和煎熬的审判。

在投资场里，因投资亏损无力承担而走上绝路的人并非只此一例。但是，这样的人间悲剧值得我们深思：我们是否有足够的心理承受力去面对可能遭受的极度亏损？

上面案例中这位丈夫并非投资小白，事实上他是一名自由金融职业者。他在 2017 年的大行情中，进入比特币市场，赚得近 1000 万元的资产。此后，他的胆子越来越大，风险偏好态度越来越严重，他开始向银行、父母、亲戚去大额借贷，加杠杆去进行比特币交易。在2020年2月创了新高；然而3月又狂跌38%；五月又经历了一波暴跌。这时的巨额亏损已经成为他的难以承受之重。

还有一点，我们也要认识到：人们对损失比对获得往往更加敏感。我们不妨想一想，如果一个人亏损1000元时感受到的痛苦强度，和收益1000元时感受到的高兴强度，哪个强度指数会更大呢？研究认为，人在亏损1000元时感受到的痛苦强度要更大一些。这也解释了一种现象：人们可以承受住"一夜暴富"的收益，却承受不住"一夜返贫"的损失。

所以，在计划操作某个投资项目时，我们要确认自己的投资风险承受度，不要过度挑战自己的承受范围。简单地说，我们要想一想：如果我们的投资全部损失殆尽，是否会让自己伤筋动骨想跳楼？如果我们可以承受得住损失以及损失带来的影响，那么我们再去操作这个投资项目。

3. 不高估自身能力，借助并尊重第三方力量

社会心理学的研究表明，绝大多数人都会认为自己比别人更优秀、更有能力，或者更能控制局面，其实质就是更容易过高地估计自己，这在心理学上叫"自我服务偏差"，是我们每个人都存在的一种基本人性。这种影响是很广泛的。例如，我们通常认为别人身上犯的错误，自己不会犯；别人遇到的失败，自己可以避免。过高地估计自

己，某种程度上正是轻率、盲目自信，诱发风险和失败的源头之一。

事实上，在投资过程中要尽可能让自己形成理性的风险态度。一些自主学习的投资者会在一次次试错过程中不断总结经验，形成相对理性的投资态度；还有一部分投资者则会选择一些表现优秀的证券投资顾问机构或市场调查机构，来节省精力、控制投资风险。

证券投资顾问机构（包括证券公司、证券投资咨询机构）在接受客户的委托之后，会向客户提供涉及证券及证券相关产品的投资建议服务，如投资的品种选择、投资组合以及理财规划建议等。目前，中信证券、招商证券、海通证券、广发证券等证券公司以及一些投资顾问公司在这方面都已经做了很多探索，其推出的顾问产品和服务比较多，比如投资直播课堂、股票组合、投资策略等。

市场调查机构通常专注于区域产业调研，在接受客户委托后，可以提供针对性的市场调研调查报告、行业分析研究报告、发展前景趋势预测报告及细分市场专项调研分析、企业调研调查服务等。此外，市场调查机构还会按年度、按区域公开一些行业报告，内容涉及一定周期内的行业调研数据和未来市场趋势预测，客户可以通过付费方式获得。

如果投资者自身的投资认知不系统、经验不足或者研究时间不充足，那么投资者不妨选择靠谱的投资顾问机构、投资顾问或调研机构，结合他们给出的财务规划建议或评测报告，做出系统、科学的投资决策，从而降低财富增值过程中可能遇到的各类风险。

哥伦布曾说："冒险不等于玩命。人生中的冒险是建立在科学预测、认真论证和斗智用谋的基础上的勇敢行为。"这句话在投资领域是非常适用的。投资有风险，但这并不意味着要让自己去承担无谓的风险。投资者应认识到一点：我们希望通过复利投资去创造滚雪球般的财富奇迹，但同时也要努力规避雪崩断崖般的亏损噩梦，绝不自以为是、轻率地将自己置于风险侵袭之地。

第八章
让财富在睡梦中继续增长

很多人都梦想着自己有朝一日能够实现财富自由。而财富自由并不是说我们的账户中拥有很多很多钱，而是说我们的被动收入大于支出。为了实现财富自由，使我们在不需要劳动、不需要工作的情况下仍然有持续入账，我们必须做好系统规划，为自己打造被动收入的机会和模式。

第一节　时间与财富的转化关系

俗语有云："一寸光阴一寸金，寸金难买寸光阴。"这句话常常给我们一种固化思维模式："在时间面前，任何金钱是无力的，因为金钱再多，也无法买来时间。"其实，如果我们换一种思维模式会发现，金钱可以换一种模式换来时间。比如，门前的大树如果放在温室中，可以避免其只剩下光秃的枝丫；躺在病床上的那位病人因有钱做手术而延续了生命。从这个角度来说，金钱是可以换来时间的。

我们再延展一下思路，还会发现：时间也可以为我们换来财富！这一节里我们就来探讨一下关于时间买卖与财富的转化关系。

1. 平衡时间与经济，实现收益最大化

在现实中，很多人面对着时间与经济的平衡问题，特别是对于经济条件不够理想的人来说，人们常常愿意接受：花费大量时间，以节省经济支出。但在这里，需要提醒大家：你需要从最终受益的角度来评估，这样做是否让你的收益最大化，起码不应是得不偿失的？

小刘因工作原因经常需要登录视频网站。在一次次忍耐漫长的广

告之后，她决定充值买会员。她的朋友问："为什么不等两分钟呢？这样每个月可以省去十几块钱呢！"小刘回答道："每个视频 2 分钟广告，以每天看 20 个视频来计算，我每天要花 40 分钟看广告，一月则用掉 1200 分钟，20 个小时。用十几块钱去避免 20 个小时的广告时间浪费，买来更多可以自由使用的时间，这是多么划算的事情啊！"

小刘还喜欢买书，虽然如今的网络非常发达，很多信息资料都可以从网络上搜集到；但是，小刘认为："已经出版的图书上往往已经对大量信息进行了系统梳理和解析，我为什么还要一点一点去网络上去搜索碎片式的信息，自己去组织呢？用几十块钱省去广泛搜索信息的时间，留下系统学习的时间，这也是非常划算的事情啊！"

买书、买会员是个人购买时间的行为，如果我们将范围进一步扩大，我们还会发现，很多企业也在购买时间。比较典型的就是事务外包。

事务外包是指人们将自认为不是最为重要的事情——核心业务之外的业务工作，交给其他人来操作。比如，将人力资源工作交给专门的人力资源管理企业来打理；将保洁工作外包给保洁公司来处理。通过这种购买服务的形式去节省时间，从而去做更有价值的事情，为自己创造更多财富。

2. 明确时间出售模式，看清自己的状态

时间出售是相对于时间购买的对立面而言的。近年来，一些人在

网络上公开出售自己的时间，其业务范围多种多样——送花送蛋糕、打电话道歉、传话、祝福、请假脱身、代回家看望父母、亲情送礼、周末全托辅导、游玩吃喝等。其核心是帮人跑腿，并设立了不同的收费标准，有按时计费 20 元 / 小时，按天计费 160 元 / 天。

对于工作压力不大、空闲时间较多的人来说，通过这种时间出售的方式，他们可以丰富业余生活，同时又增加了收入。不过，对于一个优秀的时间管理者来说，则要考虑时间性价比的问题，即我们的时间出售模式是否给我们带来了最大化的价值。

一般而言，每个人的时间出售可能表现为三种模式：第一种是将一份时间出售 1 次；第二种是同一份时间出售很多次；第三种是购买其他人的时间再卖出去。

第一种：一份时间出售 1 次。兼职的人基本上是零售自己的时间，甚至还不全部卖出去，甚至卖不出去也不会形成库存。这是个人商业模式里面最差的，当然大多数人都是第一种商业模式。

第二种：同一份时间出售很多次。有些人把自己的时间出售了很多次，最典型的就是写作者，比如写书的作者，写专栏的作者。

第三种：购买其他人的时间再卖出去。创业和投资，属于购买他人的时间然后卖出去的行为。这如同做买卖时候的有买有卖，然后从中赚取差价。

上述三种思维模式中，性价比最高的时间出售模式当属第三种，第二种模式次之，第一种模式再次之。但在实践中，采用第一种模式的人很多，第二种模式的人次之。这意味着大多数人的时间出售模式是存在较大的优化空间的。

3. 优化时间出售思维，拓展个体财富渠道

如果你要对上述三种时间出售模式加以优化，那么不妨借助以下思维模式，针对性地选择适合自己的模式，增加个体的财富来源，拓宽财富渠空间。

（1）优化第一种模式

从理论上讲，优化第一种时间出售模式的方法是提高单位时间售价。

提高单位时间售价的最普遍方法是接受更高程度的教育，这种教育不仅包括学历教育，还包括各种技能进修深造等。一般而言，学历程度越高、技术能力与工作经验越丰富的人，其单位时间的售价越高。

一些人在提高单位时间售价方面，采取了两种简单粗暴的方法：磨洋工和报高价。比如，磨洋工——每天工作2小时，收取8小时的工资，这相当于将单位时间售价提高至原来的四倍。再如报高价——利用"信息不对称"的死角，在稍有能力后频繁跳槽，快速提高单位时间售价。从短期来看，的确会快速提高个人的单位时间售价；但是从长期来看，前者不利于个体能力的长期有效积累；后者不利于个体能力的持续扎实积累，而且二者皆会被时间购买者发现其能力与价值的不契合，结局堪忧。

（2）优化第二种模式

提高时间销售数量的最有效方法是并联。比如，把同一份时间出售多次，让自己所做的事具有多重意义，再或者在给别人打工的同时也为自己打工，皆属于此类。

①选择一种"时间可以多次出售"的工作或任务。比如，将自己写的书进行出版。虽然作者写这本书用了同一份时间，但却可以在较长的时间内出售很多次。

②用心做好事，专注自己的成长，其本质是打了两份工。他们把自己的同一份时间出售了两次：一次是把时间出售给了老板，换取了薪水；一次是把时间出售给了自己，换取了成长。所以，我们在判断工作结果和工作质量的好坏与高低时，应有两个标准：一是否对得起拿到手的金钱收益；二是否对得起自己付出的时间和精力。

（3）为第三种模式做准备

还有一些人通过花钱购买别人的时间，再卖出去。这部分人就是创业者、投资者。这种时间出售模式需要行为者具有一定的资金容量和双向渠道，任何一方面的欠缺，都会导致这种时间出售模式遭遇失败。选择这种模式的人才为数量少但能力超强的精英群体。

第二节　因个体能力圈，选择财富增长模式

外在财富始终围绕个体的内在价值而持续波动。如果要想自己的外在财富持续增值，那么个体必须具备突出的个体价值表现，并使之处于持续升级状态。

1. 突出个体价值点，衔接财富创造模式

外在财富状况是我们内在状况的投影和反映。如果我们自己的内在价值匮乏，能力不足，工作效率低下，成长缓慢，那么我们外在呈现出来的状态自然也是欠缺的状态，外在财富通常也不会呈现丰盛状态。所以，如果我们想改变现状，就需要从自己的内在下功夫，关注并提升自己的内在价值，让自己的内心充满富裕意识。当一个人的个体价值、富裕意识与财富创造模式衔接起来之后，财富会自动呈现在我们面前。

内在价值的直接方面就是个体能力。个体能力是一个人完成一项目标或者任务所体现出来的综合素质，它包括业务技术能力、组织统筹能力、沟通协调能力、持续学习能力，等等。这些能力以及水平差

异决定着个体内在价值状态。

一般人们会把个体能力分为四个等级：一是能力低下者，他们只能从事一些难度较低的简单活动，甚至因缺少活动能力而生活不能自理；二是能力一般者，他们拥有一定的专长，完成活动的水平一般；三是有才能者，他们具有较高水平的某种专长，具有一定的创造力，能较好地完成活动；四是天才，他们具有高水平的专长，善于在活动中进行创造性思维，取得突出而优异的活动成果，达到常人难以达到的程度和水平。

在需要完成同一项任务时，能力水平较高者往往能够更快速地完成；而如果要求在同一时间完成任务，那么能力水平较高者的完成质量又往往更高一些（排除态度因素）。在个体收益方面，能力水平高的人往往能够获得更高的收益——人们更愿意为能力更高者或输出质量更高者去支付更高的费用。所以，让自己的能力与内在价值提升，这是实现个体财富增值的一个重要的着手点。

2. 持续投资自己，提升自己的专业属性

在投资自己之前，我们要系统了解自己的能力状态，特别是在个体能力不能切实满足目标需求、存在明显的能力短板或能力成长速度严重滞后的时候，我们必须主动采取行动。我们需要对个体实际能力情况做出评测，了解实际能力与预期能力之间的差距，确认自己的能力长板与短板，设定具有针对性的个体能力提升计划，保障自我投资的效能。

（1）纵向强化能力，成为业界专家

纵向强化能力是指从能力水平程度加以强化。选定一个领域，不断提升能力水平，直至精通该领域，这是纵向强化能力的基本路径与目标。

马尔科姆·葛拉威尔曾在《异类》一书中提出了"一万小时定律"，就是不管人们做什么事情，只要他能够坚持一万小时，那么他基本上可以成为该领域的专家。这说明，人们在学习过程中，要想完美掌握某项复杂技能，实际上存在着一个练习的最小临界量。很多研究者们就练习时长，给出这个神奇的临界量：一万小时。而任何一位世界级的专家，无论是作家、运动员，还是钢琴师等，其在专业领域上的训练大多不会低于这个数字。这也意味着，当我们专注于某一类能力的研究和训练时，我们在这方面领悟会深刻，能力提升速度更快。

在推进自我能力专精化的过程中，我们可以设定多个能力级别，审视自己当下的能力水平，逐步设定可实现的晋级目标，深度研究、勤心耕耘，那么我们所产生的领悟和进步将是不容小觑的。

（2）横向拓展能力，调整个人短板

能力横向拓展是指扩大个体能力覆盖的领域，拓展自己掌握的技能面。但是，在现代社会，随着社会分工的日益精细化，各个环节都在追求专精，所以，在横向拓展时必须专于某一领域的能力，达到专业水平。在此基础上，再去进行多能定位。

2009 年，出访美国归来的任正非在与华为核心工程队相关人员座谈时强调："过去我们的干部都是直线型成长，对于横向的业务什么都不明白，所以，现在我们要加快干部的'之'字形发展。我们强调猛将必发于卒伍，宰相必取于州郡。当然我们是优先从这些实践人员选拔，今天我们同时将各部门一些优秀的苗子，放到最艰苦地区、最艰苦岗位去磨炼意志，放到最复杂、最困难的环境，锻炼他们的能力，促进他们的成长，加强组织的选拔。想当将军的人必须走这条路，这就是我们组建这个队伍的目的。"其实，他在此处强调的就是企业领导干部一定要持续拓展自己的横向能力。

值得注意的是，横向拓展能力是建立在原能力的基础上，以之为原点，向周边领域或上下游环节拓展。比如丰田"多能工培养"模式就是依循横向能力强化的基本思路。横向能力强化的最大用途在于它可以借助多能工的技能多样而及时顶岗补位，避免因某个环节的人力不足而导致整体效能下降，最终损失了效益。

（3）自主协调，敢于拥抱变化

每个人的能力都是具有一定的时效性的。人才之所以被视为人才，企业或客户之所以愿意为之付费，是因为其才能契合当下需求，且存在一定的稀缺性。但是，这并不意味他们的才学永远契合当下需求和未来需求。所以，我们在进行自我投资时应该面向未来，有持久收益的考量。

如果当下的情况已经发生改变，自己的能力已经不再适应时代需求，则要敢于面对自己的落后，进而积极探求改变的方向。华为创始人任正非曾说过："真正的自我成长，就是要敢于面对变化，拥抱变化，并不断打破成规，自我革新，无论将来会产生多少风波，我们也要努力去拥抱时代变化。"每个人都把自身置于这个不断变化的时代浪潮中，竭尽所能地向前划桨，如此才有机会成为更好的自己，达成自己想要的目标。

3. 增加个人口碑的含金量，打造品牌效应

一个人的能力水平和个体品质，会影响一个人在业界的口碑，甚至成为个人品牌标签。而品牌标签则会给个人带来匹配的财富量，那些企业领导者的品牌效应更是会波及整个企业的财富范围。

大多数人的口碑是口耳相传的，甚至"无声胜有声"。比如，我们在谈及某些朋友时，可能这样说："她非常擅长把握流行趋势，在服装搭配方面颇有研究""他在理财方面颇有研究，通过理财在 22 岁就赚得了第一桶金""他有 17 年证券、基金行业从业经验，年均投资回报率达到 12%，有些基金的任期回报率已经达到 400%"，等等。

个人口碑的形成，最初源于个人能力特长；待个人能力越来越强时，个人口碑和标签特质会越来越明显，继而形成品牌效应，吸引更

多财富聚集而来。所以，打造个人口碑或品牌效应也是非常好的财富创造途径。

过去，个人品牌往往是通过口耳相传打造出来的；现在，则往往通过网络口碑、媒体报道、事件营销等方式来打造个人品牌。

（1）网络口碑

互联网的出现打破了传统意义上的口头传播，而趋向于互联网寻找与自己有共同兴趣和爱好的用户团体，建立彼此之间的密切关系。同时，由于群体兴趣的类同性和相似性，也会形成同伴压力、从众心理和流行风潮，从而使口碑产生飓风般的群体效应。

而很多互联网平台（如头条、一点资讯、微信、B站、抖音、快手、知乎等），也会对相似的信息加以汇集，并根据用户浏览偏好进行推送。当某个人的信息在这种集聚型网络群体中流传时，就会引发人们的广泛关注。

（2）媒体报道

通过媒体发表专访和新闻报道，生动地呈现个人（如某位企业家）的观点和事迹，这是提高个人品牌知名度和影响力的一种有效途径。人们可以在媒体或者从搜索引擎关键词搜索看到相关文章，从而产生传播效果。目前，新闻网络营销渠道推广已成为很多企业家打造个人品牌，扩大品牌影响力，提高公信力的重要手段。

（3）事件营销

事件营销是指提供策划某个话题来制造舆论热点，如格力电器的董明珠。

在 2013 年 CCTV 的年度经济人物颁奖典礼上，格力电器董事长董明珠与小米公司的董事长雷军在颁奖晚会上互相调侃，雷军说："五年内小米的营业额会超过格力，打赌一块钱。"而董明珠则一下把价码升级至 10 亿元人民币，赌注是小米在五年之内的销售额绝不会超过格力电器的销售额。董明珠与格力瞬间引起了社会关注。2014 年 3 月，董明珠接替成龙成为格力的代言人，并且携手万达集团董事长王健林共同出镜格力新广告片。作为格力电器董事长，她是格力最好的代言人。所以，董明珠和格力不仅节省了明星代言费，还让企业有了更多自由发挥的空间。

当然，无论我们采取哪一种途径或方法，个人品牌从最初打造到深入人心，这绝不是在短时间内即可完成的，需要时间积淀和精心的培育经营，更需要全方位的修炼。

如果我们个体能力、品质、信用等是负面评价，不符合社会认知，那么个人口碑必然变坏，品牌价值会受损，财富也会随之远去。比如，一些明星因口碑较好而吸引超级流量，由此"身价暴涨"；某一日因其身不正，负面信息爆出，便会导致其口碑变差，品牌价值受损，代言索赔更是接踵而来。

所以，作为个体，要投资自己，修正身心，打造优质的品牌内里；

而后再去尝试专业个人品牌营销策划，传递良好的信誉和口碑，打造适合自己的财富增长模式。

第三节　持续探索并创新你的睡后收入模式

前文中介绍的《管道的故事》的作者贝克·哈吉斯是提倡个人自由和财务自由运动的先驱，他的 7 本著作被译成了 10 种文字，在全球发行量超过了 200 万册。他用《管道的故事》向人们昭示了睡后收入的重要性。只有打造自己的睡后收入模式，彻底摆脱"提桶人"的命运，才能实现真正的财务自由。

1. 财务自由的关键：从睡前收入到睡后收入

"睡后收入"是指被动收入，也就是说，只要人们完成最初的投资和基本建设，那么之后就不再需要投入太多时间和精力去关照，收入会自动到来。

近年来，网络带货是一个热门话题，主播薇娅和李佳琦在淘货圈里火了以后，他们的带货量和收入情况进入了更多人的视野。据统计，在 2020 年"双 11"预售活动期间（10 月 21 日至 10 月 31 日），淘宝顶级带货主播薇娅和李佳琦的销售额分别为 56.69 亿元和 42.53 亿元，共计 99.22 亿元。有网友称，按照业内抽成比例来看，薇娅和李佳琦一晚上大约赚了 8 亿元和 6 亿元。

对于普通人来说，这个亿级收入目标就这么轻松实现了。但是，2020 年，李佳琦曾因为生病而上了热搜，手术之后又带病继续直播。他在一次采访中说："我也想休息一天，但是休息了，你的粉丝和消费者在干嘛，他们会不会就去看别人直播了。"薇娅也曾在一次综艺节目中坦言：每一天都要播一下，要不你的粉丝就可能流失。

为什么作为一夜入亿元的头部主播，仍然对工作收入如此紧张呢？因为，从收入模式来讲，它仍然是一次性的，属于典型的"睡前收入"。播主"提一桶水"，才能赚一次钱。只要直播主播稍有不方便或身体不适而无法直播，那么这一天就是没有收入的。从这个角度来说，直播带货模式并不是实现财富自由的收入模式。

2. 借助优质输出，打造真正的睡后收入机会

"睡后收入"并不意味着人们可以不劳而获——因为在获得"睡后收入"之前，往往需要经过长时间的劳动和深度积累，而且需得到投资者以外的人的广泛认可，如此才有获得"睡后收入"的可能性。

那么，我们试想一下：在什么情况下，人们可以获得睡后收入？答案是人们提供的服务或产品是能够给别人带来价值的，才会有不同的人会心甘情愿地为之付费。这是睡后收入的基础和基本原则。

以短视频为例，如果人们录制一个短视频上传到互联网平台，而这个短视频的内容是优秀的、有价值的，又持续地沉浸在网络环境中，那么它就可能给视频主带来长期、永续的收益。

李子柒是中国内地美食短视频创作者，于 2015 年开始拍摄美食短视频。2016 年 11 月，她凭借短视频《兰州牛肉面》获得广泛关注，后于 2017 年创立个人品牌。2018 年，李子柒的原创短视频在海外运营后相继获得了 YouTube 平台白银和烁金创作者奖牌。李子柒优质的内容让她吸引了庞大的粉丝。目前，李子柒 Youtube 粉丝数 1300 万，视频播放量在 500 万～2000 万；微博粉丝数 2730 万；B 站粉丝数 747 万。虽然李子柒拍摄美食短视频的最初目的是为了拓展其网店销售业务，然而其优质的原创视频却在无心插柳中带来了海量粉丝群。今时今日，即便李子柒不去开店铺和工厂，单凭其超级流量也可以获得不容小觑的睡后收入。

虽然李子柒一直站在舆论的风口浪尖之上，其收入多寡问题也一直为众人所好奇，但有一点是毋庸置疑的：抓住时代发展潮流和民众现实需求，去选择可实现的睡后收入模式；而优质的产品输出是她抓住客户、引来睡后收入的基础。

3. 探索优秀的睡后收入模式，不断实践和革新

在现实中，都有哪些可操作的实践是可以帮助我们获得睡后收入的呢？

（1）过去的睡后收入模式

在人口体量较大、流动人口相对较多的城市，房屋除了发挥自住、保值的基本功能之外，还可以进行出租，这也是一种获得睡后收入的常见模式。

（2）以知识产权获得睡后收入

与知识产权有关的产品输出都是可以获得睡后收入的。比如，写作的图文、出版的书籍、拍摄的照片、创作的词曲、在线的培训课程、网络上的各种知识付费形式，等等。这些都是可以形成"睡后收入"的产品输出，只要有人关注和购买，就可以获得源源不断的收入。

唐家三少是一位网络小说作家，其代表作《斗罗大陆》颇受广大网友的喜爱。如今，斗罗大陆并不限于小说，而且还画成漫画和拍成动漫。从 2012 年开始，唐家三少的版税收入开始直线的上升，直至2015 年成功破亿。根据 2018 年网络文学作家年收入排行榜所示，唐家三少以 1.3 亿元位列排行榜首位。

当然，这些睡后收入的实现仍然要建立在知识产权保护的大环境下。因此，我们要维护知识产权，严厉打击盗版侵权问题。

（3）金融股权投资

对于普通人来说，学会投资股票、基金等理财产品也是一种获得睡后收入的常见方式。前文中介绍过，如果选了正确的标的而长期持有，那么就可以自然而然地获得睡后收入。

还有一种不同于买股票的金融投资方式，即股权投资。通过考察一些需要融资的初创公司，为之投资一定的金额，并持有一定比例的股份；待到企业日后发展起来，那么作为股东即可躺赚分红了。当然，这种投资的风险极大，如果考察不到位，很可能导致投资血本无归。所以，确认投资之前，务必进行科学、系统的考察。

总之，睡后收入是获得财务自由和让我们能够提前退休的必要前提条件。而时代在不断地变化，睡后收入模式也在日新月异。每个人都应该思考、寻找和建立一种适合自己的睡后收入模式，才能在特殊情况发生时持续地保持有收入的状态。

第四节　优化资产配置，走上财富自由之路

资产配置是一个人在投资过程中的重要决策。资产配置是指通过把资金投入不同类型的资产（如股票、债券、大宗商品、房地产）中，设定不同的比例。资产配置的预先设定，直接决定了一个人未来的富有程度。因为，人们一旦做出这个决策，就如同进入了需要长期待在里面的投资游戏，在较长的时间里以这种方式去获得收益或遭受损失。如果在资产配置时抉择不当，就会把自己的资产或已经赚到的钱亏出去；而如果进行了优秀的资产配置，则会帮助一个人保持富有

的状态。

1. 把鸡蛋放在不同的篮子里，实现稳健收益

诺贝尔经济学奖获得者、现代投资组合理论之父哈里·马科维茨，他曾说过一句话："分散投资是唯一免费的午餐。"为什么？因为当人们把自己的资金分散到不同投资上，从长期来讲，可以让人们减少投资风险和错误，同时提高潜在收益。但是，"分散"这个动作本身并不需要投资者额外花钱。

把鸡蛋放在不同的篮子里。这听起来如同一个基本的投资原则，似乎非常简单；但是，很多人做不到这一点，遭受了单一投资方式的暴击。

有一对夫妻非常偏好金融投资，所以，他们在自己的理财账户里存了很多钱。按照过去的基金市场与收益情况，他们进行了收益估算，决定提前退休；然后，去环游世界，甚至预定好了旅行社、酒店。然而，就在他们即将办理退休手续之前，金融世界崩溃，他们的投资净值迅速下跌，资产减半。基于此，他们不得不延迟退休时间。

桥水基金创始人瑞·达利欧曾非常直接地说出他的观点："几乎可以确定的是，不管你把你的钱投到什么上面，将来都会遇上大跌的日子，让你亏损 50%~75%。"这意味着任何投资都有可能亏掉原资产的 1/2~2/3。

但是，为什么大多数人都对某一种投资较为偏爱呢？这是因为，人们觉得自己在这方面的经验相对丰富，所以敢于在这方面积极下注；或者当下在这方面的投资回报较为迅速或明显，于是跟风投资。但无论是基于哪一种原因，如果投资者没有让资产足够分散，那么任何一种类型的资产都可能在未来的某一天来和我们算总账。

优秀的投资者会极力避免出现上述情况出现。耶鲁捐赠基金 (Yale Endowment) 的投资总监戴维·斯文森曾把耶鲁大学的捐赠基金投资组合从 1 亿美元做到了超过 239 亿美元。在 30 年间，经历了牛市和熊市，获得了 13.9% 的年化收益率。很多人问他："怎样创造了如此优秀的业绩，是用了哪些好的方法或工具？"戴维·斯文森回答道："除了做好证券选择和市场择时，还有一个更为重要的工具就是分散投资，优化资产配置"。

他认为，资产配置具有压倒性优势。在投资界，资产配置的投资收益超过 100%。因为，在投资交易过程中会发生一些固定费用（比如申购费、赎回费、管理费、托管费、销售服务费等）、税收、亏损，而每次选择或调整都会增加这部分费用；而一旦选择失误或配置不当，还会导致亏损增加，盈利降低。因此，一定要持续优化资产配置。

做好了分散投资，我们的内心会相对平静；无论经济形势怎么变化，都不必过度担心——如果某个领域的价格跌到谷底，但往往是那一个领域，而不是所有领域的投资都如此惨淡——总有一个领域的资产在创造营收。资产配置的威力便在于此。

2. 依据风险承受能力，选择适合的资产配比

从本质上来说，资产配置就相当于把自己的资金放进两个类型的投资水桶里，每类水桶的风险水平和收益水平各不同。

第一个水桶会为我们的钱打造一个相对安全的环境，但是资产增长的幅度非常小，增值的速度非常缓慢，这个水桶的最大优势就是安全、持续稳定地增长。安全水桶里通常可以选择现金持有、大额存单、现金、货币型基金、债券、保险这类资产进行配置。这个水桶中的资产是为了保持投资者未来的安全或安心，是面向未来的避难资产。

第二个水桶会给投资者创造资产快速增长的机会，与之相随的是高风险——在投资这个水桶时要做好血本无归的心理准备。增值水桶里通常可以选择房地产、股票、偏股型基金、外汇，等等。

那么，在这两大水桶中，到底应该分别投放多少资金是最合适的呢？其实，这个问题的答案取决于作为投资者的我们，希望用多少时间来让自己的投资实现多大幅度的增长，以及自己愿意承受多大的风险。

我们需要问自己："在我人生中当下的这个阶段，我能承担多大的风险？"请记住，做分散投资并不仅仅是为了保护资产的安全存在，维持生存生活所需；还要考虑如何通过合理的投资组合，让资产获得增值，让自己的资产发展壮大。所以，在确认了资产投资的安全性之后，我们就需要评估自己能承受的最大风险线在哪里。也就是说，如果有一天我们可能遭受损失，那么损失多少资产是自己所能承受的极限——我们的风险水桶的控制线就划在那里。

3. 标准普尔家庭资产配置，让风险更可控

标准普尔 (standard & Poor's) 是一家在全球范围内极具影响力的信用评级机构，该机构专门提供有关信用评级、风险评估管理、指数编制、投资分析研究、资料处理和价值评估等方面的重要资讯。标准普尔曾调研了全球十万个资产稳健增长的家庭，分析总结出他们的家庭理财方式，从而得到标准普尔家庭资产象限图。如图 8-1 所示，这种家庭资产配置方式，被公认为"最合理稳健的家庭资产分配方式"，可以最大化地降低降低家庭财产风险。

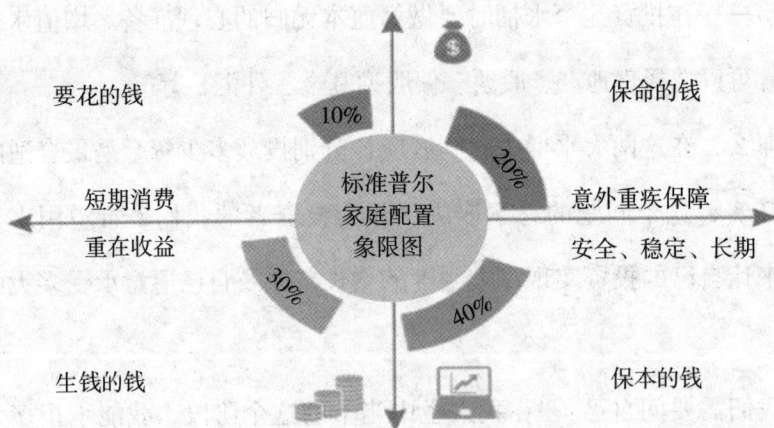

图8-1　标准普尔家庭资产象限图

在"标准普尔家庭资产象限图"，家庭资产被划分为四个账户。因为这四个账户的主要功能是不同的，所以资金的投资渠道也是不同

的。在理论上讲，一个家庭要拥有这四个账户，并按照固定合理的比例进行配置，这样才能推动和保障家庭资产增长的长期性、持续性、稳健性。

（1）日常开销账户——要花的钱

在这四个账户中的第一个账户是日常开销账户，也称"要花的钱"。这个账户的设置，主要用于保障家庭的短期开销、日常生活所需，比如，购置衣装、日常交通费用、网络通讯费用、长短途旅行、美容保健等方面的支出，都应该在这个账户中进行支出规划。这部分资产费用可以放在活期存款、货币型基金账户中，以便在日常消费过程中随时取用，同时也能够获得小额利息收益。

在各个家庭中，这个账户的资产配置都是必有的。按照标准普尔家庭资产配置，这部分资产的比例大致应占到家庭总资产的10%。在估算实际资产费用总额时，也可以按照一个家庭3～6个月的生活费用进行规划。

（2）杠杆账户——保命的钱

第二个账户是"杠杆账户"，也称"保命的钱"。这部分资产的比例通常占到家庭总资产的20%。设置这个账户的目的是为了实现以小博大，专门解决突发情况导致的大额支出问题。

一般而言，这个账户的资产主要是意外伤害保险和重疾保险——保险的以小博大属性是非常明显的。在家庭成员出现意外事故、重大疾病时，有保险的人可以获得足够的钱来保命。

如果我们选择的是消费型保险，那么只需要投入少量金额，对于家庭个体来说也不算太多，但却可以换得不低的保额。比如，近年推出的各类医疗险，投保人只需要每年支出几百元保险金，就可以换得几百万元的医疗保障金。一旦发生重疾或突发事件，只要投保人处于理赔范围内，就可以给自己和家庭换得极大的资产保障。

这个账户在大多数时候不会发生什么作用，有人可能还会抱怨"这个钱白花掉了，没有用上"。而一旦这个账户要发生作用时，那么就是到了一个家庭的关键时刻。是因紧急用钱而卖车、卖房、卖股票、四处借钱，还是有序理赔、治疗保命、保住其他资产、不降低后续生活品质。一个家庭未来走向哪里，关键就在于这部分资产的规划和安排。

（3）长期收益账户——保本的钱

第三个账户是"长期收益账户"，也称"保本的钱"。这类资产通常占到家庭总资产的40%，主要是用来保障家庭成员基本生活或成长的钱等。这个账户的资金需要预先准备，保证本金不受损，长期稳定，持续增值足以抵得过通货膨胀的速度。比如，债券、信托、分红险的养老金、子女教育金等，都属于这个账户的资产配置类型。

这个账户有两个最突出特征：一个特征是"专属"，不会被随意挪用。具体来说，这个账户的资金不会被随意取用，有的家庭会因购房、装修或买车等原因而挪用这部分资金，但这个账户的资金实际上是不应该被动用的。而且，要确保会按月或按年度固定向该账户投资，日积月累、积少成多、有效存储。

另一个特征是"能够受法律保护"，不会因意外而被抵债。这个资产的账户应是独立的，不会因企业破产、个人借贷等因素而被用于抵债。我们常常听一些中年人慨叹自己年轻时多么风光无限，只是后来因某些原因而资产缩水，穷困潦倒、入不敷出，连子女的学费都交不起……造成这种情况的很大原因是未对长期收益账户进行管理。

（4）投资收益账户——生钱的钱

第四个账户被称为"投资收益账户"，也称"生钱的钱"。这部分资产一般占家庭资产的30%，为家庭创造复利收益。这个账户的重点是用投资者的智慧，用最擅长的方式去获取高回报。比如，我们在本书中谈及的购买股票、基金、房地产、开设企业或投资企业股权等，都属于此类账户的资产配置类型。

当然，这个账户承受的风险也相对较大。投资者要有冷静从容的心态，确保"赚得起、亏得起"，即无论这个账户的盈亏表现怎样，都不能对家庭造成致命性的打击，影响家庭的正常生活水平。

在一个家庭的资产账户中，这四个账户就如同桌子的四条腿，缺一不可——缺了任何一条腿，这个桌子都有随时倒下的可能性。所以，如果我们发现自己的家庭缺少"保命的钱"或者"保本的钱"（"养老的钱"），这说明我们的家庭资产配置是不科学的。这个时候，我们需要转过头来看看：是不是自己花钱的速度大于了赚钱的速度？

是否在"要花的钱"的部分配置了过大的资产比例？是否在股票或房地产等方面的投资设置了过大的比例？找到了问题的答案之后，再进行针对性的调整。

总而言之，在标准普尔家庭资产配置中，要让不同账户中的钱发挥出不同的作用。做好了这一点，才能让风险被控制在有限的范围内，当发生重大损失的时候不至于对家庭日常生活和长远的财务安排造成毁灭性影响。

4.慎重规划中高风险投资，走近财富自由目标

当个人或家庭的资产越来越多的时候，我们必须慎重规划高风险账户和中等风险的长期投资账户部分。据金融学家们研究发现，从长期来看，短时间的择股和择时，对投资整体影响不大；但科学的资产配置方法却会影响超过90%的收益波动。所以，我们可以考虑通过大类资产配置，搭建一套适合自己的多元化投资组合，以求分散风险和降低风险。

（1）常见的大类资产配置方法

大类资产配置方法有很多。下面来介绍两种在大类资产配置中被广泛接受和认可的方法：股债60/40配置法和全天候投资组合法。

①股债60/40配置法。这种资产配置方法是指以60%的股票和40%的国债进行组合，是目前最被广泛接受的、最简单的一种资产配置方法，被业界视作资产配置比较基准之一。

这种资产配置的原理是利用股票和债券两类投资工具的弱相关

性，实现风险对冲，从而保证资产配置整体上不会出现大幅度的波动。一般来说，当债券涨势较好时，股票市场就会跌幅较大。此时，就可以卖掉处于价格高位的债券，而在股价地位买入股票，即实现债权收益的落袋为安，同时做好股票抄底。如果情况相反时，股票的市值大大高于债券，就说明股票已经涨了不少，该是套现的时候了。

②全天候投资组合。全天候投资组合法是桥水基金雷伊·达里奥开创的一种资产配置方法。完整版的全天候投资组合比较复杂，这里介绍一下达里奥曾公布过的一个简化版。达里奥全天候投资组合法的配比设计与配置理由如表 8-1 所示。

表8-1 达里奥全天候投资组合法

类型	配比	配置理由
股票	30%（其中，美国大盘股18%，美国小盘股3%，其他发达国家股票6%，新兴市场国家股票3%）	股票是长期收益最高的投资品，波动也最大。像军队里的先锋军，战斗力最强，却最容易受到伤害。在组合里，配置股票，目的在于拉高整个组合的整体回报
债券	55%（其中十年期美国国债15%，三十年期美国国债40%）	债券的收益稳定，可以作为"稳定大后方"的基石，让整个投资组合的风险不至于太大。在达里奥的组合里，是简单地购买美国十年期和三十年期的国债。在国内的投资中，投资者们可以选择一些安全的、利息稍高一些的投资级债券
大宗商品	7.5%	大宗商品通常分为三大类：能源，如石油和天然气；金属，如铜和铝；农产品，如小麦、玉米和糖等，也有相应的指数基金可以购买。大宗商品的长期价格也是上涨的。尤其在通胀比较严重的时候，能够给投资组合提供好的回报

类型	配比	配置理由
黄金	7.5%	部分投资者认为，当出现严重的金融危机或者战争危机来临的时候，黄金可以起到一定的避险作用，可以用黄金去对冲其他投资品的风险。也就是说，当其他投资品都跌的时候，黄金很大机会是不受影响的

（2）资产的"组合再平衡"

"组合再平衡"是说在大类资产配置好之后，要定期进行评估，并进行恰当的优化调整，使资产投资的比例分配重新回归至初始的配置结构。简单地说，就是把资产相对多的那类资产卖掉一部分，为资产相对少的那类资产进行补入操作。

在投资市场上，资产的价格不会永远上涨，总有一天要回归到平均水平或正常价格。所以，如果某类资产在上一年（或一个周期内）涨得非常好，那么在下一年（或下一个周期）时下降的可能性就会增大。从这个角度来说，如果能够长期践行"高卖低买"的原则，那么最终必然可以获得非常好的收益。

而无论是最初组合还是后来的组合再平衡，都是要通过同时购买波动相关性较弱的资产，来抚平波动、控制风险。因为，如果各类资产的波动方向是不同的，那么一种资产造成的亏损部分就可以被其他类型资产的上涨部分冲抵掉，从而抚平总体资产的大幅震荡。

当然，资产配置没有绝对的对或错，每个人的投资偏好也是有所差异的。所以，只要我们设计的投资方案是让自己满意的，能够分散风险和保障收益，那么，它就是一套好的资产配置和投资方案。

参考文献

[1] [美]托尼·罗宾斯.钱：7步创造终身收入[M].刘建位，译.
北京：中信出版社，2018.

[2] [肯尼亚]戴维·卡梅伦·吉坎蒂.富裕属于口袋装满快乐的人
[M].谢佳真，译.北京：华夏出版社，2018.

[3] [日]世野一成.为什么有钱人先吃最喜欢的菜[M].吴伟华，译.
台湾：时报出版社，2020.

[4] [美]塞德希尔·穆来纳森，埃尔德·沙菲尔.稀缺[M].魏巍，
龙志勇，译.杭州：浙江人民出版社，2014.

[5] 黄启团.会赚钱的人想的不一样[M].哈尔滨：北方文艺出版
社，2020.

[6] 采铜.精进：如何成为一个很厉害的人[M].南京：江苏凤凰
文艺出版社，2016.

[7] [美]华莱士·沃特尔斯.失落的致富经典[M].陈一维，译.
南昌：江西美术出版社，2017.

[8] 老罗. 基金定投：让财富滚雪球 [M]. 北京：电子工业出版社，2018.

[9] 李若问. 财富思维 [M]. 北京：民主与建设出版社，2020.

[10] [美] 艾丽斯·施罗德. 滚雪球：巴菲特和他的财富人生 [M]. 覃扬眉，等译. 北京：中信出版社，2017.

[11] [美] 托马斯·J.斯坦利，萨拉·斯坦利·弗洛. 财富自由 [M]. 陈子倩，译. 上海：东方出版中心，2019.

[12] [美] 约瑟夫·科雷亚. 复利打造百万富翁：持续被动收入，通往财务自由 [M]. 杨国庆，梁玉祺，译. 杭州：浙江出版集团数字传媒有限公司，2018.

[13] 经济合作与发展组织. 民生问题：衡量社会幸福的 11 个指标 [M]. 洪漫，译. 北京：新华出版社，2012.

附录

附录1：财富认知引导

现在，我们一起来做一次财富认知练习，让自己的潜意识放松，看看自己对于财富的感知和思考。无论你的体验是怎样的，都是可以的。

请坐在椅子上或躺在床上，放松四肢！

放松感观系统！

放松！放松！

1. 现在，把自己的注意力放到自己和财富的关系上。

当你想到财富、金钱、赚钱、花钱等这些关于钱的概念时，你感受到自己的情绪是怎样的？你会感到快乐、兴奋，还是无助、悲伤？请把自己的感受写在下面：

你为什么会有这样的感受？是什么想法创造出这些感受呢？

如果我坚持这个想法，可以让我变得更有钱吗？

如果答案是肯定的，如果你感到快乐、幸福，请保留这个想法。

如果答案是否定的，如果你感到无助、悲伤，那就把它们装在一个盒子里，封起来，移走。

2. 现在，请把注意力放到钱的具体载体上。

请回想一下自己认识的有钱人，特别是自己还很小的时候认识的那些有钱人——亲戚、邻居、朋友、朋友的父母，他们中有哪些人是有钱人？

他们的形象是怎样的？有什么突出的特点？

他们的房子、车子或者他们的生活是怎样的？

他们是怎样变得有钱的？如果你也那么做，是否会变得有钱？你是否希望自己和他们一样？

如果答案是肯定的，如果你感到快乐、幸福，请保留这个想法。

如果答案是否定的，如果你感到无助、悲伤，那就把它们装在一个盒子里，封起来，移走。

3. 现在，请你放开你的想象力，尽情想象自己变得非常富有的样子。

请想象你有钱之后，居住在怎样的房子里？乘坐怎样的交通工具？你会和什么样的人生活在一起？

在父母、孩子、亲友或路人的眼中，你是怎样的形象？

现在，你的内心里是怎样的感受？

4. 你现在能够拥有这样的生活吗？你会做些什么，让自己配得上拥有这些财富？为了让这个世界变得更好，你会做出哪些贡献？

静思三分钟，让你的良善之心去想象未来的丰盛之景。

请告诉自己：你值得拥有未来的美好生活！你会努力创造！世界

将因你而更美好！

请相信自己！

附录2：财富认知系统思考框架

以下问题的呈现目的是帮助你拓展你的思考深度，形成财富认知的系统思考习惯。不打分，不评分。请凭借自己的直觉，如实回答以下问题即可。

一、评估你的现金流是否稳定

1. 如果出现意外情况（如不能去公司上班），你的现金流是否会断裂？

2. 如果出现工资延迟发放的情况，是否会影响你的正常生活？

3. 你现在是否有一种想法去应对现金流断裂的问题？

4. 你是否有一种方法可以规避现金流断裂的问题？

5. 你是否会出现入不敷出的情况？

6. 你会定期反思近期的收支情况是否科学合理吗？

7. 你在进行某个决策时，会进行收支平衡分析吗？

8. 你会主动管理自己的现金流，定期推动现金流量吗？

9. 你是否会特意囤货，库存状态是否经济适宜？

10.寻找投资机会时，你是否会考虑多个情境和投资项目，去计算和评估机会成本？

11.如果在某件事情上投入过多，但又效果不理想，你是否会将其作为沉没成本？

12.你会有意识地评估个人财富的风险状态吗？

13.你是否在意现金流的稳定？在遇到突发状况时，你的现金流是否可以在一定程度上应对突发状况？

14.你会进行多渠道布局，以此保持相对稳定的投资与收入吗？你会从事多份工作，规避单一机构收入风险吗？

二、评估你的消费与财富增长关系

1.你认为消费行为能够带来幸福感吗？

2.你在消费之前会考虑是否有必要消费吗？

3.你会考虑购物或某次交易是否低价吗？你如何理解"高性价比"？

4.你平时会在哪些平台购物？你是否掌握了在该平台购物的优惠规则？该平台在什么时候购物最优惠？哪些商品最优惠？

5.你是否会选择在"618""双十一"之类的网络购物节之前开列购物清单？

6.你是否会评估购物清单上的内容是必需品？还是为了凑单而购买的非必需品？

7.你是否会积极地研究购物规则，按时集中地进行购物？

8.除了在价格方面进行消费考虑，你还会从哪些维度去评判性价比？

9.你是否会有意识地控制自己的消费次数？

10.除了上面提到的内容，你还会在哪些方面进行节流呢？请分享自己在节流方面的成功经验。

11.你的消费是否会增值？你买过哪些物品后来增值了？增值幅度多少？

12.你会在哪些方面进行投资？你认为在哪些方面的投资消费增值空间最大？

三、打造你的财富管道

1.你目前已经有自己的财富管道，还是正在打造自己的管道？

2.你是从哪些方面或行业领域去规划自己的财富管道的？

3.你对自己的财富管道的设想是怎样的？你设计了怎样的商业模式？

4.你在日常工作中，会倾向于从业务专精的角度去挖掘财富管道吗？如果从你的专业角度去深挖，你可以从哪些方面来开拓管道？请你展开思路，具体说一说。

5.你会主动延伸业务覆盖面，做大市场蛋糕吗？你更倾向于从延伸的角度，还是深挖的角度去开拓管道？请你展开思路，具体说一说。

6.如果从你现在的专业领域出发，你会从哪些方面去探索业务延伸的产品创新？请你展开思路，具体说一说。

7. 你会从哪些方面去整合资源，拓展财富源流？你在哪些领域具有丰富的资源？

8. 如果你认为自己手中并没有什么资源，那么你接下来考虑从哪些方面去开拓资源？你又会如何整合这些资源呢？

9. 你会如何整合人脉，使人发挥最大价值，共同创造更多财富？

10. 你是否对每个人的所长了如指掌，并知道如何让他的能力充分发挥出来？

11. 你是否知道如何与其他人合作？如何通过人力资源整合，来实现财富的创造？

12. 请从稀缺角度，设想你会如何打造独特的财富管道。

13. 如果你是客户方，你会为稀缺买单吗？你会怎样应对稀缺带来的支出性价比偏高之类的问题？

四、赚快钱与赚慢钱的平衡

1. 在看到别人赚快钱，你是否会羡慕？是否会主动参与"赚快钱"的行业领域？

2. 在"赚快钱"方面，你有哪些成功体验？请分析你为什么能够赚到快钱。

3. 你平时倾向于趋势投资，还是价值投资？为什么？

4. 对于你目前做出的各类投资项目，你认为它们在未来一定是盈利的吗？你会通过哪些方式来评估？

5. 截止到目前，你做过的最长的财富规划周期有多长？请具体说说。

6. 你会面向自己的一生，去规划投资和财富收益吗？

7. 当投资多久没有得到回报，你会感到焦虑？

8. 如果你投资了某只股票，买入后很快被套，你是否会迅速止损？还是会采用其他方式去平衡成本？

9. 你在做出投资决定之前，会谨慎考察投资项目的基本面、细节，还是全凭运气或眼缘，拍脑袋决定？亦或者跟随专家大咖的推荐？

五、主动创造复利效果

1. 你认为钱少值得理财吗？如何看待"一分钱也是值得理财的"这句话？

2. 为什么短期理财无法达成复利效果？

3. 你是从什么时候开始认识或感受到复利的威力的？请简单说说。

4. 请举例说明，你身边有哪些可以创造复利收益的投资机会。

5. 你会如何设置止跌或止盈点？你的控制标准是什么？

6. 你如何理解巴菲特所说的"在别人恐惧时我贪婪，在别人贪婪时我恐惧"？

7. 对于巴菲特所说的贪婪恐惧论，你认为是否容易做到？你如何评价自己的恐惧程度？

8.你对风险的承受度如何？在投资时，你最多可以接受多少金额的损失？

9.你是否会借助贪婪分析工具，反向而行，去寻找投资的切入点？

10.在投资时，你会凭借自己的力量去投资决策，还是寻求第三方力量的帮助？抑或仅仅是参照第三方力量的评测结果和意见，而后自己做出判断？

六、主动创造睡后收入

1.你如何看待时间与财富的关系？

2.你是否会购买别人的时间？除了家政服务时间、授课时间、图书，你还购买了哪些时间吗？

3.你在购买别人时间的时候，对于你而言，收益是什么？

4.你的单次时间是出售一次，还是出售多次？

5.你希望自己的时间应该如何出售？

6.你现在是否有自己的睡后收入？

7.你目前最擅长的是什么？你的强项在哪些领域？

8.打开自己的大脑，你认为自己可以从哪些方面去拓展睡后收入源？

9.你会从哪些方面投资自己，提升自己的能力？

10.你会选择哪些渠道去学习或提升自己？

11.你会在哪些负面强化自我控制，保证自己的口碑，打造自己的品牌？

12. 在你擅长的行业领域，你是否小有名气？是否有人会主动引荐你或为你介绍客户？

13. 你的风险偏好如何？

14. 是否有中高风险系数的投资？你是怎样规划的？

15. 你对个人家庭资产是如何规划的？

16. 你认为你的资产配置类型是否科学？配置比例是否合理？你是否会进一步完善？

七、持续学习与认知升级

1. 说说你的财富梦想是什么？

2. 你是否盼望"一夜暴富"？你会为"一夜暴富"做哪些准备？

3. 你认为自己赚钱省钱更好，还是理财致富更好？

4. 你的初始财富知识来自哪里？是来自原生家庭，还是学校，或者其他源头？

5. 你如何评价自己目前的财富知识系统？

6. 你会选择哪些方式来提升自己的财富认知和财富管理能力？

7. 你在财富方面的学习是否已经形成习惯？

8. 你规划了哪些认知升级实践？

9. 你在财富实践后是否会总结经验？

10. 你会采取哪些方式进行总结，优化原有的认知系统？

11. 你对新事物是否敏感？你总是早于他人一步而发现新事物吗？

12.你会主动了解新事物并接受新事物吗?

13.你会积极主动地识别新市场趋势吗?

14.面对新趋势,你会采取哪些行动? 或作出哪些改变?

15.近年来,在你身上发生了哪些关于财富的较大改变?

16.近年来,你的财富积累是出于哪些原因? 你认为是因为自己哪些优秀的品质或行为才帮助你实现了这些财富积累?

17.如果你对自己的财富积累状况不够满意,那么你认为是因为自己的哪些行为或习惯有待改善? 你会如何改善这些状况或纠正这些问题?

后记

  闻悉本书即将出版，不胜感慨。本书从最初的调查研究到中途的设计与写作，以及随后的出版审阅等，不仅是一个艰难而温暖的过程，更是一个自我学习的过程。之所以是自我学习的过程，是因为在过去的 500 多天里，围绕本书的研究与写作，我获得了各种各样的帮助，这些帮助包括心智上的点拨、具体写作过程的指导和资料收集论证上的协助。

  在这里，要特别说明的是，这本书的创作融入了团队的智慧，我们团队中的大部分人都参与了本书的资料收集分析或撰写工作。在此衷心地表示感谢！

凌发明

2021 年 4 月